Eckehart Weiß

Wie schreibe ich einen Aufsatz?
5.–6. Schuljahr

Bange Verlag

W0215655

Über den Autor:

Eckehart Weiß, geboren 1949 in Wunsiedel, unterrichtet Deutsch und Englisch an einem Bamberger Gymnasium. Er hat in Erlangen und Berlin studiert, unterrichtete lange in Hildesheim, leitete dort auch eine Orientierungsstufe. Seit 1990 wieder in Bayern, übte er die Aufgabe des ersten Fachbetreuers Deutsch aus.
Seit dem Jahre 2004 ist er auch als Seminarlehrer tätig.
Mit einem Team von Schülern und Lehrern hat er das erfolgreiche Internet-Portal www.deutsch-digital.de gegründet.
In den vergangenen zehn Jahren beschäftigte er sich hauptsächlich mit den Einsatzmöglichkeiten des Computers im Deutschunterricht. Zahlreiche Veröffentlichungen hierzu finden sich im Internet und in Fachzeitschriften.

Buchveröffentlichungen:

Berichten – Erzählen – Beschreiben, eine Einführung in alle kreativen Aufsatzformen. Hollfeld: Bange Verlag, 2004.

Musteraufsätze – erläutert und kommentiert. 5.–7. Schuljahr. Hollfeld: Bange Verlag, 2006

Zusammen mit Peter Thulke gab er den Band *Bildergeschichten für die Unterstufe*, Reihe Königs Kopiervorlagen, Hollfeld: Bange Verlag, 2004, heraus.

3. Auflage 2009
ISBN: 978-3-8044-1544-7
© 2005 by C. Bange Verlag, 96142 Hollfeld
Alle Rechte vorbehalten!

Das Werk und seine Teile sind urheberrechtlich geschützt. Jede Verwertung in anderen als den gesetzlich zugelassenen Fällen bedarf der vorherigen schriftlichen Einwilligung des Verlages. Hinweis zu § 52 a UrhG: Weder das Werk noch seine Teile dürfen ohne eine solche Einwilligung eingescannt oder gespeichert und in ein Netzwerk eingestellt werden. Dies gilt auch für Intranets von Schulen und sonstigen Bildungseinrichtungen.

Druck und Weiterverarbeitung: Finidr, s. r. o.,Český Těšín

Inhaltsverzeichnis

1. Gestalterisches Schreiben/Erzählen

1.1 Einführung

Von der Schönheit des Erzählens

Als es noch keinen Fernseher gab, kein Radio, kein Telefon, keine Zeitungen, keine Bücher, als die Drucktechniken noch nicht erfunden waren, und noch viel, viel weiter zurück in der Zeit, als die Menschen noch gar keine Schrift hatten – wie haben sie da Informationen ausgetauscht? Indem sie einander erzählt haben, was sie gesehen, erlebt und erfahren haben.

Die menschliche Kultur entstand zuallererst durch das gesprochene Wort. Das heißt auch, dass das ganze Wissen eines Volkes über lange Zeiträume ausschließlich von Mund zu Ohr überliefert wurde: die Mythen über die Entstehung der Welt, Geschichten über Götter und Herrscher, die Märchen, Sagen und Legenden eines Volkes. Auf der ganzen Welt wurde alles Wissen der Menschen über Jahrtausende mündlich weitergegeben – bis die Schriften entstanden und die Menschen anfingen, ihr Wissen aufzuschreiben. Zu den ältesten uns heute noch bekannten Geschichten der Welt gehören zum Beispiel die indischen Veden, das sind Götter-Erzählungen, die ab etwa 1500 vor Christus aufgeschrieben wurden, und das Gilgamesch-Epos aus Sumer, dessen älteste bekannte Teile aus dem Jahr 1700 vor Christus stammen und das erzählt, wie König Gilgamesch das ewige Leben sucht.

Ein Mensch, der viel Wissen hat und dieses Wissen an andere weitergibt, wurde und wird in allen Kulturen der Welt hoch geachtet, das gilt besonders auch für Geschichtenerzähler und Dichter; dass dem auch heute noch so ist, kann man zum Beispiel daran erkennen, dass jedes Jahr ein Literatur-Nobelpreis verliehen wird.

Im alten China stand der Dichter dem Kaiser sogar am nächsten. Es gehörte übrigens zur Kultur des Herrschers, selbst zu dichten. Der Dichter am Hofe galt mehr als jeder Minister. Die Herausgabe von Literatur galt als würdiger Staatsakt. Im 18. Jahrhundert plante ein chinesischer Kaiser die Drucklegung einer Auswahl der klassischen chinesischen Literatur. Berechnet wurden 163 000 Bände, von denen bis 1818 tatsächlich 80 000 erschienen sind.

Die Bedeutung der Dichtung und des Dichters führt das Leben von Li Tai-pe vor Augen, der in den Jahren 702 bis 763 nach Christus lebte. So heißt es: „Als ewig trunkener, ewig heiliger Wanderer wandert er durch die chinesische Welt. Kunstsinnige Herrscher beriefen den erlauchten Vagabunden an ihren Hof, und oft genug erniedrigte und erhöhte sich der Kaiser zum Sekretär des Dichters, wenn Li Tai-pe nach einem Zechgelage ihm seine Verse im Morgengrauen in den Pinsel diktierte. Der Kaiser, der den Dichter und Menschen brüderlich liebte, machte ihn zum kaiserlichen Beamten, setzte ihm eine Rente aus und gab ihm als Zeichen seiner Gnade ein kaiserliches Prunkgewand zum Geschenk – für einen Chinesen die höchste Ehrung. Li Tai-pe schleifte das kaiserliche Gewand durch alle Gassen der Provinz und ließ sich an Abenden voll Trunkenheit als Kaiser huldigen. Oder er hielt, in des Kaisers Kleidern, rebellische Ansprachen an die Trinkkumpane und das herbeigelaufene Volk. Er starb im Rausch, indem er bei einer nächtlichen Bootsfahrt aus dem Kahne fiel. Die Legende lässt ihn von einem Delfin erretten, der ihn, während in den Lüften engelhafte Geister ihn betreuen, aufs Meer hinaus und in die Weiten der Unsterblichkeit entführt. Sein Volk vergöttert ihn und errichtete ihm einen Tempel."[1]

Aus dem arabischen Raum stammen die unerschöpflichen reichen Märchen aus *Tausendundeiner Nacht*. Sie erzählen Wirkliches und Phantastisches, von den Schwächen und Freuden des Menschen, vom Himmel und von der Hölle.

Wenn Menschen erzählen, sind sie friedlich, freuen sich, versinken in andere und schönere Welten.

Es gibt das Glück des Zuhörens, es gibt das Glück des Vortragens und das Glück des Schreibens. Im ersten Kapitel dieses Buches lernst du das gute Erzählen und das gute Schreiben. Vielleicht gelingt es dir auch einmal, als Erzähler im Kreis aufmerksamer Zuhörer zu sitzen. Für viele Schriftsteller ist das Vortragen ihrer Geschichten genauso schön wie das Schreiben.

Die Erzählformen

In der Schule gehört das Erzählen in den Bereich des gestalterischen Schreibens. Innerhalb dieses Schreibens gibt es eine Reihe von Erzählformen, die im Folgenden aufgezählt sind:

Die Erlebniserzählung

als Ich-Erzählung

– Du erzählst etwas, was du selbst erlebt hast – oder du tust so, als ob du es selbst erlebt hättest; du schreibst in der Ich-Form. Zum Beispiel:

---

1 Klabund: *Geschichte der Weltliteratur in einer Stunde*, Leizig 1922, S. 16 ff.

„Gestern Abend wollte ich noch mit meinem kleinen Hund spazieren gehen. Aber ich konnte die Leine nicht finden."

als Er- Erzählung
– Du erzählst, was ein anderer erlebt hat; dabei kannst du aber natürlich auch Dinge, die du selbst erlebt hast, in der Er-Form erzählen. In unserem Beispiel heißt es dann: „Gestern Abend wollte mein Bruder noch mit seinem kleinen Hund spazieren gehen. Aber er konnte die Leine nicht finden."

Die Bildergeschichte

Als Anregung zum Erzählen bekommst du eine gezeichnete Geschichte vorgelegt. Bildergeschichten kannst du als Ich- oder als Er-Erzählung schreiben, du kannst dich in die Rolle einer der Figuren der Bildergeschichte hineinversetzen oder du kannst als Beobachter erzählen, was eine Gestalt der Geschichte erlebt.

Die Phantasieerzählung

In einer Phantasieerzählung können Dinge vorkommen oder geschehen, die es in der Realität überhaupt nicht gibt, wie Gestalten aus Träumen oder anderen Welten. Manchmal enthalten auch Bilder solche Phantasiegestalten, dann versetzt du dich in die Rolle eines anderen Wesens und schreibst eine Phantasieerzählung.

Die Reizworterzählung

Du bekommst eine Liste von Wörtern vorgelegt, die so genannten Reizwörter, die ganz grob eine Geschichte vorgeben, die du dann mit großem Freiraum selbst weiter ausdenken und ausgestalten kannst.

Fortsetzung eines Erzählanfangs und Ausgestaltung eines Erzählkerns

Du bekommst den Anfang einer Geschichte vorgelegt und denkst dir dann selber aus, wie sie weitergeht. Oder der so genannte Erzählkern: Du bekommst quasi nur einen Ausschnitt aus einer Geschichte – was davor und danach passiert, denkst du dir aus und erzählst dann die vollständige Geschichte.

Die Parallelgeschichte

Schließlich gibt es die Möglichkeit, gute Erzähler nachzumachen und Märchen oder Sagen zu erzählen. Zum Beispiel kann man erzählen, wie es dem Hans im Glück ergehen würde, wenn er in unserer heutigen Zeit leben würde. So etwas kannst du auch mit einem spannenden

Jugendbuch machen, das du kennst: Du erfindest eine Geschichte, die genauso aufgebaut ist, aber einen anderen Inhalt hat. Hierfür benötigst du schon eine gewisse Fertigkeit im Erzählen.

Erzählung mit schildernden Elementen

Dies ist neben der Parallelgeschichte die schwierigste und schönste Form des Erzählens, weil du genaue Beobachtungen und deutliche Beschreibungen in die Erzählung einbringen musst.

In den folgenden Abschnitten gehen wir die einzelnen Erzählformen durch. Dabei versuchen wir, bei jeder Erzählform einen bestimmten Schwerpunkt zu setzen.

1.2 Übung zur wörtlichen Rede

Für alle Formen der Erzählung benötigst du die wörtliche Rede und die Gedankenrede. Diese üben wir zuerst am Beispiel eines Comics.

Zeichnung: Imke Staats

Auch an diesem Comic kannst du einige grundsätzliche Merkmale des Erzählens erkennen.
Die Erzählung hat eine Handlungsfolge. Sie steckt in den Bildtexten. Die Handlung muss logisch, das bedeutet sinnvoll, aufeinanderfolgen, auch wenn der Inhalt phantastisch ist.

In den meisten Comics erkennt man auf den ersten Blick, was laut gesagt und was nur gedacht wird: Bei der wörtlichen Rede läuft die Sprechblase in einer langen Spitze aus, die auf denjenigen zeigt, der spricht. Wenn die Person etwas nur denkt, ohne es laut zu sagen, verbinden kleine Wölkchen die Figur mit der „Gedankenblase". Unsere Zeichnerin hat sich großteils daran gehalten – aber nicht in jedem Fall. In einigen Zeichnungen hat sie das Gesprochene auch ohne Sprechblase einfach ins Bild geschrieben. Und ihre erklärenden Bildtexte stehen mal oben, mal unten im Bild. Also genau aufpassen, was wörtliche Rede, was Gedankenrede und was Bildtext ist!

Wörtliche Rede: Das sind die Sätze, die wirklich gesprochen werden.

Gedankenrede: Das sind die Sätze, die sich die Person nur denkt und die nicht an eine andere Person gerichtet sind.

Bildtexte: Sie erzählen die Handlung.

Das erste Bild auf Seite 8 enthält nur den Erzählanfang.

Lesetext

Ein unbekanntes Wesen schlich in Übersee auf ein Schiff und versteckte sich in einer Sendung exotischer Pflanzen. Im Hafen einer großen Stadt wurde es mit den Kisten ausgeladen. Männer des Unternehmens „Zack-Zack" brachten das Wesen ins neue Bezirksamt, denn dort sollten die Pflanzen aufgestellt werden.

Info

Zunächst die Regeln der wörtlichen Rede:

Merke: Satzzeichen bei der wörtlichen Rede:
Wenn du die wörtliche Rede aus den Sprechblasen in deine Erzählung übernehmen möchtest, musst du Anführungs- und Schlusszeichen setzen.

Das Anführungszeichen steht unten **(„)** am Anfang der wörtlichen Rede, das Schlusszeichen steht oben **(")** am Ende der wörtlichen Rede. Zwischen den Zeichen steht, was die Gestalten der Geschichte oder deiner Erzählung gesagt haben.

In der wörtlichen Rede und am Ende stehen alle Satzzeichen, die normalerweise auch da stehen.

Nach einer Frage steht ein Fragezeichen **(?)**,
nach einem Ausruf oder einem Befehl ein Ausrufezeichen **(!)**,
nach einem einfachen Satz ein Punkt **(.)**.

In der Erzählung musst du noch dazuschreiben, wer gerade spricht und wie er das tut. Das nennt man **Redeeinführung**.

Die Redeeinführung steht meistens vor der wörtlichen Rede:
Die Mitarbeiter von Alfred Schläfrig stürmten ins Bürozimmer und riefen:„Herzlichen Glückwunsch zum Geburtstag, Alfred!"

Merke: Redeeinführung vor der wörtlichen Rede:
Nach der Redeeinführung steht ein Doppelpunkt **(:)**.
Danach folgt das Anführungszeichen unten **(„)**.
Danach steht, was wirklich gesagt wird.
Dann folgt das Zeichen für das Satzende **(.!?)**.
Dann steht das Schlusszeichen **(")**.

Die Redeeinführung kann aber auch nach der wörtlichen Rede stehen. Das wirkt etwas lebendiger. Von den Satzzeichen her ändert sich nicht viel, vor allem musst dir merken, dass hinter dem Schlusszeichen dann immer ein Komma folgt, bevor sich die Redeeinführung anschließt:

„Herzlichen Glückwunsch zum Geburtstag, Alfred!", riefen die Mitarbeiter von Alfred Schläfrig, als sie ins Bürozimmer stürmten.

Merke: Redeeinführung nach der wörtlichen Rede:
Zunächst fällt der Doppelpunkt weg.
Ein Ausrufezeichen **(!)** oder ein Fragezeichen **(?)** bleibt erhalten, danach folgt das Schlusszeichen **(")**, dann kommt ein Komma **(,)** und die Redeeinführung geht klein weiter.

Wenn am Ende der wörtlichen Rede ein Punkt **(.)** steht, dann fällt er jetzt weg.
Dafür tritt dann ein Komma **(,)** hinter das Schlusszeichen.

Vergleiche:
Alfred freute sich: „Das war ein schöner Tag."
„Das war ein schöner Tag", freute sich Alfred.

Merke: Satzzeichen bei der Gedankenrede:
Auch bei der Gedankenrede kommt nach der Redeeinführung ein Doppelpunkt. Aber die Gedankenrede hat keine Anführungs- und Schlusszeichen! (Du kannst sie aber dennoch setzen. Dies hieße dann Gedankenrede in der Form der wörtlichen Rede.)
Enttäuscht dachte das Monster: Mist, kein Kuchen!
Enttäuscht dachte das Monster: „Mist, kein Kuchen!"

Übung:

Du findest nun die Geschichte des Geburtstagskuchenmonsters bereits ausformuliert.
Deine Aufgabe besteht darin, zu allen wörtlichen Reden Redeeinführungen vor oder nach der wörtlichen Rede zu ergänzen.
Den Erzähltext bindest du dabei mit ein. Du musst die Bilder nur genau betrachten. Die wörtliche Rede muss vollkommen stimmen. Versuche bei der Redeeinführung auch die Stimmung des jeweiligen Satzes zu erfassen.

Zeichnung: Imke Staats

Lesetext

Ein unbekanntes Wesen schlich in Übersee auf ein Schiff und versteckte sich in einer Sendung exotischer Pflanzen. Im Hafen einer großen Stadt wurde es mit den Kisten ausgeladen. Männer des Unternehmens „Zack-Zack" brachten das Wesen ins neue Bezirksamt, denn dort sollten die Pflanzen aufgestellt werden. Das froschartige Ungeheuer gelangte unbemerkt im Blumenkübel in das Bezirksamt und dort in die Zentrale des Einwohnermeldeamtes. Neugierig schaute es sich um und hörte zu, was die Büromitarbeiter sprachen.

Dr. Hums (Amtsleiter): So ein schöner Arbeitsplatz ist ein bedeutender Beitrag in der Immigrationsfrage.

Seine Sekretärin Bettina Fröhlich, die seine Sprüche sowieso nie verstand, sagte nichts dazu, sie dachte nur: Das ist mal wieder alter Muff in neuen Räumen.

Aufmerksam beobachtete das unbekannte Wesen das Treiben im Einwohnermeldeamt. Sein Magen knurrte schon erheblich, denn schon drei Tage hatte es nichts mehr gegessen.

Schon bald stellte sich der Alltag ein. Besucher kamen ins Amt und warteten, bis sie vorgelassen wurden. Manche brauchten noch Passbilder und ließen sich in dem großen Passbildautomaten fotografieren. Fritz Bäuerlein goss die neuen Blumen, und neben dem Sachbearbeiter Alfred Schläfrig stapelten sich die Aktenberge.
Da ertönte heftiger Lärm vor der Tür. Alfred schreckte auf.

Bettina Fröhlich: Herzlichen Glückwunsch zum Geburtstag!

____

____

Alfred Schläfrig: Kuchen! Woher wisst ihr denn…?

____

____

Fritz Bäuerlein: Na, wir sind doch nicht umsonst im Einwohnermeldeamt. Ein Blick in die Akten genügt!

Zeichnung: Imke Staats

____

____

Pünktlich um 17 Uhr verließen Fritz, Bettina, Alfred und Dr. Hums das Einwohnermeldeamt. Alfred ließ den Kuchen auf seinem Schreibtisch stehen und freute sich schon auf den nächsten Tag. Er wollte dann eine extragroße Kanne Kaffee für seine Kolleginnen und Kollegen mitbringen.
Blind vor Hunger stieg das Monster nachts aus dem Blumenkübel und stürzte sich auf den restlichen Geburtstagskuchen und fraß ihn gierig auf. Der Geburtstagskuchen übertraf im Geschmack natürlich alles, was das Monster in Übersee bislang verspeist hatte. Keine Banane, keine Kartoffel, keine Kokosnuss kam an den köstlichen Kuchen heran. Vollgefressen schlief es ein und träumte von Geburtstagskuchen. Da es in Übersee schon lange neben einer wissenschaftlichen Station zur Erforschung des Regenwaldes gelebt hatte, konnte es gut lesen und kannte sich mit Computern bestens aus. Es erinnerte sich an Herrn Bäuerleins Satz: „Wir sind doch nicht umsonst im Einwohnermeldeamt." Dann warf es den Computer an.

Zeichnung: Imke Staats

Der Rest war ein Kinderspiel. Es druckte die Geburtstage aller Kinder der großen Stadt aus, klemmte sich die Rolle mit Namen und Adressen unter den Arm, kaufte sich in einer Schreibwarenhandlung einen Geburtstagskalender, trug für jeden Tag ein Kind ein und dachte sich: Jipeeh! Jeden Tag Geburtstage und überall Kuchen! Im Park klaute es noch eine Blume, machte sich hübsch und begab sich auf den Weg. Mit der Blume in der Hand und dem Kopf voller Kuchenträume klingelte es zuerst bei Gerda Meier.

Zeichnung: Imke Staats

Gerda Meier: Wer sind denn Sie? Ach, Blumen! Wie nett. Wollen Sie reinkommen?

____

____

____

Glücklich sprach das Monster für sich: Es klappt! Beinahe überhörte es Gerdas freundliche Einladung.

Gerda: Ein bisschen Kuchen?

____

____

Mit einem Biss verspeiste das kleine grüne Wesen den ganzen Kuchen, und alle schauten es erstaunt an.
Frieda, Gerdas Freundin: Alles auf einen Sitz!

____

____

Susanne: Hast du das gesehen?

____

____

Das Monster störte jedoch nicht länger, verschwand wieder, schaute in seinen Kalender und klingelte bei Bernd Bohn.
Bernd Bohn: Wer sind Sie denn?

____

____

Bei Elvira von Seidel gab es sogar eine Schwarzwälderkirschtorte.
Das kleine grüne Monster fraß sich so durch von Geburtstag zu Geburtstag und wuchs zu einem wunderbaren, freundlichen, dicken Geburtstagskuchenmonster heran.
Auch am 29. Februar hoffte es auf seine Lieblingsspeise und träumte: Hoffentlich gibt es heute Nusskuchen. Es machte sich auf den Weg zu Fritz Nix.

Fritz Nix: Jaaaaa?

Geburtstagskuchenmonster: Gratuliere zum Geburtstag. Gibt's Kuchen?

Fritz Nix: Kuchen? Leider nein. Es kommt ja kein Gast, das lohnt sich nicht.

Etwas enttäuscht, aber dennoch freundlich überreichte das Geburtstagskuchenmonster Fritz Nix eine wunderbare Blume.
Fritz Nix: Oh, ist die für mich? Kommen Sie doch rein. Ich mache auch Tee, wenn Sie mögen!

Zeichnung: Imke Staats

Das Monster verstand überhaupt nichts und blätterte verzweifelt in seinem Kalender. Kein Kuchen! Mist! Vielleicht hat heute noch jemand anderes Geburtstag?
Aber im Kalender stand kein weiterer Name.

Fritz: Leider wurde ich im Schaltjahr geboren, den 29. Februar gibt es nur alle paar Jahre.

Monster: Schaltjahr?

Fritz: Das ist nur dann, wenn man das Jahr, also die Anzahl der Tage, durch vier teilen kann.

Jedenfalls plant man mich nicht mit ein, keiner rechnet mit meinem Tag.

Ich vergesse ihn auch meistens. Ich habe schon lange nicht mehr gefeiert.

Monster: Können Sie backen? Und mögen Sie Nusskuchen?

Fritz: Sehr gern! Soll ich einen backen?

Monster: Einen? Zehn!

____

____

Fritz: Aber wer soll die essen?

____

____

Monster: Das lassen Sie meine Sorge sein.

____

____

Zeichnung: Imke Staats

Darf ich Ihr Telefon benutzen?

Monster: Kommen Sie um 8 Uhr. Einweg 2. Okay. Bis dann!

Einige Stunden später.

Fritz: Wer kommt denn?

Monster: Ein paar Gäste, ich habe die ganze Stadt eingeladen.

Gerda: Das ist doch der komische grüne Kerl, der meinen Kuchen aufgefressen hat!

Bernd: Den grünen Kerl kenn ich doch!

Geburtstagskuchenmonster: Wenn man nur alle paar Jahre feiert, muss es wenigstens genug Kuchen geben!

► Lösung Seite 181–184

Info

Wenn du dir die Lösung genau anschaust, merkst du, dass die wörtliche Rede die Erzählung recht lebendig macht. Wenn du in die Redeeinführung etwas Abwechslung hineinbringst, dann klingt die Erzählung schon recht gut. Schließlich kannst du auch noch die Laune der Sprechenden mitteilen, indem du entweder ein passendes Tätigkeitswort (Verb) für die Redeeinführung verwendest oder noch ein Eigenschaftswort (Adjektiv) dazugibst, um die Grundstimmung der wörtlichen Rede zu unterstreichen.
Einige Sätze stehen ohne Anführungs- und Schlusszeichen. Das sind die Gedankenreden:
Da bin ich ja nun gespannt, wer heute Abend alles kommt, dachte er sich im Stillen und schließlich stellte er seinem Gast, der es sich im schönsten Sessel bequem gemacht hatte, doch die Frage: „Wer kommt denn?“

Es ist nicht leicht, gute Redeeinführungen zu finden. Du kannst aber zumindest auf die Satzzeichen achten und dir ein paar Wendungen zurechtlegen.

Bei einfachen Aussagen lautet die Redeeinführung:
sagte, meinte, flüsterte, brüllte, murmelte, grinste, stotterte, äußerte sich, ...

Einige Wendungen bestehen aus mehreren Wörtern:
war der Meinung, gab zu bedenken, ...

Entsprechende Worte findest du für Fragen:
fragte, erkundigte sich, wollte wissen, antwortete, erwiderte, stellte die Frage, gab zur Antwort, sagte daraufhin, ...

Auch für Ausrufe gibt es eine Reihe von Verben und Wendungen:
rief, schrie, jammerte, heulte auf, verkündete, ordnete an, befahl, im Befehlston sagte er, sein Befehl lautete, ...

Merksätze

Info

In jeder Erzählung muss wörtliche Rede vorkommen.
Sie wirkt lebendig.

Wechsle mit den Redeeinführungen ab: Stelle sie nicht immer vor, sondern ab und zu auch hinter die wörtliche Rede.

Versuche für die Redeeinführung die Worte zu finden, die genau zur Situation passen. Er fragte, rief laut, flüsterte – eben die entsprechenden Wörter.

Verwende in der Redeeinführung Adjektive oder Wendungen, die die Stimmung des Sprechenden verdeutlichen.

Setze die Satzzeichen von Anfang an richtig, auch auf Übungsblättern und Schmierzetteln.

Bei der Gedankenrede benötigst du keine Anführungs- und Schlusszeichen.

1.3 Die Erlebniserzählung

In deinem Alltag erlebst du allerlei, machst angenehme und unangenehme Erfahrungen. Eine ganze Gruppe deiner Erlebnisse kannst du unter dem Stichpunkt „das erste Mal" zusammenfassen. Damit ist zum Beispiel dein erster Besuch beim Zahnarzt gemeint, deine erste Runde auf dem Fahrrad, dein erster Sprung vom Dreimeterbrett und vielleicht dein erster Tag in der Schule.
Eine zweite Gruppe von Erlebniserzählungen handelt von Glück und Unglück: Als ich einmal meinen Geldbeutel verlor, zu spät kam, großes Glück, Pech, Glück im Unglück hatte ...

Eine dritte Gruppe gehört zu dem Themenbereich „Das werde ich nie vergessen" – Erlebnisse, die für dich etwas ganz Besonderes gewesen sind. Dieser Bereich schließt die ersten beiden mit ein.

Diese Erzählungen sind inhaltlich nicht so schwer, denn du hast die Geschichte ja selbst erlebt und weißt, was los gewesen ist. Aber du musst dein Erlebnis auch gut erzählen, wenn du willst, dass dir jemand zuhört.

Lies nun die folgende Ich-Erzählung:

Lesetext

Ein Besuch beim Zahnarzt

Zeichnung: Peter Thulke

Als ich am vergangenen Dienstag von der Schule kam, empfing mich meine Mutter schon an der Wohnungstür: „Heute gehst du aber zum Zahnarzt! Du hast es lange genug hinausgeschoben. Um halb drei Uhr bist du bei Doktor Zahnstein angemeldet."

Ärgerlich warf ich meinen Schulranzen in die Ecke und maulte: „Aber ich habe doch heute so viele Hausaufgaben! Außerdem bin ich am Nachmittag mit Stefanie verabredet." Bei dem Gedanken an den Bohrer wurde mir ganz mulmig zumute.

Doch alle Ausreden halfen mir nichts. Meine Mutter bestand auf dem Besuch beim Zahnarzt. Also machte ich mich mit einem flauen Gefühl im Magen auf den Weg.

Als ich in der Praxis von Dr. Zahnstein angekommen war, musste ich mich zuerst ins volle Wartezimmer setzen. Ich suchte mir einen freien Stuhl und blätterte lustlos in einer der Zeitschriften. Die Tür zum Behandlungszimmer öffnete sich und ich konnte das Surren des Bohrers deutlich hören. Der kleine blonde Junge neben mir wurde nun aufgerufen. Der scheint gar keine Angst zu haben, schoss es mir durch den Kopf. Unruhig rutschte ich auf meinem Sessel hin und her.

„Andrea Manz bitte!“, sagte die Stimmer im Lautsprecher. Langsam stand ich auf. Meine Knie waren ganz weich. Lächelnd empfing mich der Doktor: „Hallo, Andrea! Du brauchst keine Angst zu haben, es dauert bestimmt nicht lange.“ Verkrampft nahm ich auf dem Behandlungsstuhl Platz.

Der Doktor wollte gerade anfangen, da läutete das Telefon und er ging hin und sprach einige Minuten. Wieder warten! Nervös biss ich auf meinen Fingernägeln herum. Vor mir sah ich die Instrumente des Zahnarztes liegen. Die aufgereihten Bohrerspitzen deuteten genau auf mich. Höhnisch blinkte der Zahnspiegel. Da kam endlich der Doktor zurück. „So, jetzt mach einmal den Mund schön auf!“, sagte er freundlich. Immer tiefer rutschte ich in den Stuhl, während der Arzt in meinem Mund rumorte. Drohend hing der metallisch glänzende Bohrer über mir.

Plötzlich streckte Doktor Zahnstein die Hand aus. Bloß nicht den Bohrer, dachte ich entsetzt. Ich schloss die Augen und klammerte mich an der Lehne fest. Jetzt ... „So, das hätten wir“, hörte ich wie aus weiter Ferne eine Stimme. „In Zukunft musst du aber gründlicher die Zähne putzen, sonst brauchen wir ihn das nächste Mal“, brummte der Doktor.

Nach diesem anstrengenden Zahnarztbesuch nahm ich mir wirklich vor, in Zukunft meine Zähne besser zu pflegen, damit der Zahnarzt nicht zum Bohrer greifen muss.

1.3.1 Die Zeit oder das Tempus der Erzählung

Das Präteritum

Da das Geschehen deiner Erzählung bereits vorbei ist, verwendest du hauptsächlich die erste Vergangenheit (Präteritum, Imperfekt). Leider gibt es keine einheitliche Bezeichnung, aber das lateinische Wort praeter (vorbei, vorüber) kennzeichnet diese Zeit am besten. Deswegen verwenden wir die Bezeichnung „Präteritum“.

Übung

Übung:

Schreibe auf einem Notizzettel aus obiger Erzählung alle Verben heraus, die im Präteritum stehen.

kam

empfing

warf

...

▶ Lösung Seite 184

Du erkennst leicht, dass das Präteritum aus der Grundform der Verben gebildet wird. Manchmal benötigst du aber auch Hilfsverben. Hilfsverben verändern zusammen mit den Vollverben die Grundbedeutung oder bilden mit den Vollverben weitere Zeiten und Formen. Sie können oft nicht alleine stehen.

Die Hilfsverben

Info

Merke: Hilfsverben haben verschiedene Aufgaben. Sie können ein Vollverb ergänzen und man braucht sie, um das Passiv und auch andere Zeitformen zu bilden. Setzt man einen Text ins Präteritum, werden auch die Hilfsverben ins Präteritum gesetzt.

Die Hilfsverben im Präteritum in diesem Text waren: musste, konnte, wurde, wollte

Die Hilfsverben verändern sich nach der Person (ich, du, er, sie, es, wir, ihr, sie) und damit auch nach der Zahl (Numerus), also Einzahl (Singular) oder Mehrzahl (Plural). Danach steht das Verb in der Grundform (im Infinitiv). Die Grundformen heißen z. B. bei „müssen" und „können" eigentlich komplett: *etwas tun müssen* und *etwas tun können*. „Müssen" und „können" stehen also nicht sinnvoll alleine.

Das erste „Hilfsverb“ in unserem Text Besuch beim Zahnarzt hat aber eine ganz andere Konstruktion, denn es ist eine Redewendung. Hier folgt dem Hilfsverb kein Vollverb, sondern ein Adjektiv in adverbialer Funktion. Das Wort „werden“ wird hier wie ein Vollverb benutzt und ganz normal in die Vergangenheit gesetzt.
Mir wird ganz mulmig zumute. (wird = Präsens/Gegenwart, mulmig = Adjektiv)
Mir wurde ganz mulmig zumute. (wurde = Präteritum, mulmig = Adjektiv)

Das Hilfsverb „werden“ taucht in unserem Text auch noch in einer anderen Verwendung auf, nämlich um das Passiv (die Leideform) zu bilden. Das Passiv wird mit der Vergangenheitsform des Hilfsverbs „werden“ oder des Hilfsverbs „sein“ gebildet und nimmt dazu noch das Partizip Perfekt des Verbs (Mittelwort der Vergangenheit).

Ich werde gerufen. (Passiv Präsens Singular)
Ich wurde gerufen. (Passiv Präteritum Singular)
Wir werden gerufen. (Passiv Präsens Plural)
Wir wurden gerufen. (Passiv Präteritum Plural)

Das Hilfsverb „sein“ in unserem Text ist nicht immer ein Hilfsverb, es kann ebenfalls als Vollverb stehen, so wie hier. Es handelt sich um eine Form von „sein“: *waren.*
(Meine Knie waren ganz weich.)

Die Vergangenheitsformen von „sein“ sind am schwierigsten, du solltest sie dir einprägen.

Präsens (Gegenwart) Singular	Präsens (Gegenwart) Plural
1. Person: Ich bin	1. Person: Wir sind
2. Person: Du bist	2. Person: Ihr seid
3. Person: Er/Sie/Es ist	3. Person: Sie sind
Präteritum (1. Vergangenheit) Singular	Präteritum (1. Vergangenheit) Plural
1. Person: Ich war	1. Person: Wir waren
2. Person: Du warst	2. Person: Ihr wart
3. Person: Er/Sie/Es war	3. Person: Sie waren

Die Vollverben

Unregelmäßige oder starke Verben

Bei den sogenannten unregelmäßigen oder auch starken Verben entsteht die Vergangenheitsform durch eine Veränderung des Stammvokals. Dies bedeutet, dass der Vokal (Selbstlaut) im Inneren (im Stamm) des Wortes sich verändert.

*k**o**mmen – ich k**a**m*
*empf**a**ngen – ich empf**i**ng*
*w**e**rfen – ich w**a**rf*
Diese Vergangenheitsformen muss man einfach lernen.

Regelmäßige Verben

Alle anderen Vergangenheitsformen sind regelmäßig. Du hängst folgende Endungen an den Stamm des Verbs an. Der Stamm ist der Infinitiv ohne die Infinitivendung „en“, z.B. Infinitiv: spielen (spiel = der Wortstamm, en = die Endung).

Ich spiel**te**	Wir spiel**ten**
Du spiel**test**	Ihr spiel**tet**
Er/Sie/Es spiel**te**	Sie spiel**ten**

Merke: Die grundsätzliche Erzählzeit ist das Präteritum.

Info

Weitere Zeiten

Wenn du den Text nochmals liest, findest du eine Reihe anderer Zeiten.

„Heute gehst du aber zum Zahnarzt! Du hast es lange genug hinausgeschoben. Um halb drei Uhr bist du bei Doktor Zahnstein angemeldet."

Die Lösung ist ganz einfach: Das liegt an der wörtlichen Rede, die ja nicht verändert wird, sondern genauso stehenbleibt, wie sie wirklich gesagt wurde. Das sind hier das Präsens (Gegenwart), das Perfekt (zweite Vergangenheit, vollendete Vergangenheit) und das Passiv Präsens.

„Heute **gehst** du **(Präsens)** aber zum Zahnarzt! Du **hast** es lange genug **hinausgeschoben (Perfekt)**. Um halb drei Uhr **bist** du bei Doktor Zahnstein **angemeldet (Passiv Präsens)**."

Wie man die Zeiten richtig bildet und verwendet, kannst du in einer Grammatik nachschlagen. Hier geht es nur darum, dass du sie richtig erkennst.

Die Vorvergangenheit – das Plusquamperfekt

„Als ich in der Praxis von Dr. Zahnstein **angekommen war**, musste ich mich zuerst ins volle Wartezimmer setzen."

Mit dem Plusquamperfekt, der dritten Vergangenheit oder der Vorvergangenheit, stellst du eine Reihenfolge innerhalb vergangener Handlungen her.
Zuerst bist du angekommen, dann hast du dich hingesetzt.

Gebildet wird das Plusquamperfekt mit der Vergangenheitsform der Hilfsverben **haben** oder **sein** und dem Partizip Perfekt (Mittelwort der Vergangenheit) des Verbs.
Das Plusquamperfekt steckt häufig in einem Nebensatz, der die zeitlichen Umstände der Haupthandlung angibt (temporaler Nebensatz).

Diesen Satztyp kannst du dir leicht einprägen, denn immer kommt ein Bindewort (Konjunktion) vor, wie „als", „nachdem".

Temporale Nebensätze mit Konjunktion

Als er die Hausaufgaben ***erledigt hatte***, spielte er Fußball.

Erst die Vorvergangenheit, dann die Vergangenheit – erst die Hausaufgaben, dann der Fußball.
Es geht allerdings auch so:

Nachdem er die Hausaufgaben ***erledigt hatte***, spielte er Fußball.

Hauptsätze mit Temporaladverbien (Umstandswörter, die die Zeitenfolge regeln)

Ehe er Fußball spielte, ***hatte*** er seine Hausaugaben ***erledigt***.
Bevor er Fußball spielte, ***hatte*** er seine Hausaufgaben ***erledigt***.

Info

Merke

Zusammenfassung

Beim schriftlichen Erzählen verwendest du grundsätzlich das Präteritum. Allerdings kann es dir etwas ungewohnt erscheinen, denn wenn wir uns unterhalten, verwenden wir es kaum.
Wenn in deiner Erzählung die Vorvergangenheit auftaucht – etwas ist noch vor deiner Erzählzeit geschehen – verwendest du das Plusquamperfekt. Ist dir das zu kompliziert, dann vermeide diese Konstruktion.
Innerhalb der wörtlichen Rede kommen alle Zeiten vor, die auch sonst in der wörtlichen Rede vorkommen, eben Präsens (Gegenwart), Perfekt (vollendete Vergangenheit) und Futur (Zukunft) sowie die verschiedenen Aussageweisen (Modus – Modi): das Aktiv das Passiv.

Wenn wir mit anderen sprechen, mit Eltern, Klassenkameraden oder Freunden, verwenden wir am häufigsten das Perfekt. Achte einmal darauf, wenn du dich selbst mit jemandem unterhältst oder wenn du einem Gespräch zuhörst.
Daher musst du beim Schreiben besonders aufpassen, dass du Perfekt und Präteritum nicht durcheinander bringst.

1.3.2 Das historische Präsens als Mittel der Spannungssteigerung

Den Aufbau einer Erzählung kannst du leicht erkennen. Wir gehen darauf in einem eigenen Kapitel des Buches ein.
Jede Erzählung muss einen Anfang haben, jede Erzählung hat auch einen Schluss. Innerhalb dieses Buches bezeichnen wir den Anfang, die Einleitung, mit dem Buchstaben A und den Schluss mit dem Buchstaben C.
Zwischen A und C liegt der Hauptteil der Erzählung. Wir bezeichnen ihn mit dem Buchstaben B. Der Hauptteil wiederum teilt sich in einzelne Erzählschritte, die wir mit römischen Ziffern bezeichnen: I, II, III, IV, V.

Ein Besuch beim Zahnarzt
A. Einleitung
Als ich am vergangenen Dienstag von der Schule kam, empfing mich meine Mutter schon an der Wohnungstür: „Heute gehst du aber zum Zahnarzt! Du hast es lange genug hinausgeschoben. Um halb drei Uhr bist du bei Doktor Zahnstein angemeldet."

Ärgerlich warf ich meinen Schulranzen in die Ecke und maulte: „Aber ich habe doch heute so viele Hausaufgaben! Außerdem bin ich am Nachmittag mit Stefanie verabredet." Bei dem Gedanken an den Bohrer wurde mir ganz mulmig zumute.

B. Hauptteil
I. Erster Erzählschritt
Doch alle Ausreden halfen mir nichts. Meine Mutter bestand auf dem Besuch beim Zahnarzt. Also machte ich mich mit einem flauen Gefühl im Magen auf den Weg.
II. Zweiter Erzählschritt
Als ich in der Praxis von Dr. Zahnstein angekommen war, musste ich mich zuerst ins volle Wartezimmer setzen. Ich suchte mir einen freien Stuhl und blätterte lustlos in einer der Zeitschriften. Die Tür zum Behandlungszimmer öffnete sich und ich konnte das Surren des Bohrers deutlich hören. Der kleine blonde Junge neben mir wurde nun aufgerufen. Der scheint gar keine Angst zu haben, schoss es mir durch den Kopf. Unruhig rutschte ich auf meinem Sessel hin und her.
III. Dritter Erzählschritt
„Andrea Manz bitte!", sagte die Stimme im Lautsprecher. Langsam stand ich auf. Meine Knie waren ganz weich. Lächelnd empfing mich der Dok-

tor: „Hallo, Andrea! Du brauchst keine Angst zu haben, es dauert bestimmt nicht lange." Verkrampft nahm ich auf dem Behandlungsstuhl Platz.

IV. Vierter Erzählschritt

Der Doktor wollte gerade anfangen, da läutete das Telefon und er ging hin und sprach einige Minuten. Wieder warten! Nervös biss ich auf meinen Fingernägeln herum. Vor mir sah ich die Instrumente des Zahnarztes liegen. Die aufgereihten Bohrerspitzen deuteten genau auf mich. Höhnisch blinkte der Zahnspiegel.

V. Höhepunkt

Da kam der Doktor zurück. „So, jetzt mach einmal den Mund schön auf!" Immer tiefer rutschte ich in den Stuhl, während der Arzt in meinem Mund rumorte. Drohend hing der metallisch glänzende Bohrer über mir.

Zeichnung: Peter Thulke

Plötzlich streckte Doktor Zahnstein die Hand aus. Bloß nicht den Bohrer, dachte ich entsetzt. Ich schloss die Augen und klammerte mich an der Lehne fest. Jetzt ... „So, das hätten wir", hörte ich wie aus weiter Ferne eine Stimme. „In Zukunft musst du aber gründlicher die Zähne putzen, sonst brauchen wir ihn das nächste Mal", brummte der Doktor.

C. Schluss

Nach diesem anstrengenden Zahnarztbesuch nahm ich mir wirklich vor, in Zukunft meine Zähne besser zu pflegen, damit der Zahnarzt nicht zum Bohrer greifen muss.

Den Erzählschritt vor dem Schluss nennt man Höhepunkt – das ist der spannendste Teil der Geschichte, das, worauf alles Vorangegangene hinausläuft. Im folgenden Text ist in der rechten Spalte das historische Präsens fett gedruckt.

Vergleiche nun die beiden Höhepunkte:

Da kam der Doktor zurück. „So, jetzt mach einmal den Mund schön auf!" Immer tiefer rutschte ich in den Stuhl, während der Arzt in meinem Mund rumorte. Drohend hing der metallisch glänzende Bohrer über mir. Plötzlich streckte Doktor Zahnstein die Hand aus. Bloß nicht den Bohrer, dachte ich entsetzt. Ich schloss die Augen und klammerte mich an der Lehne fest. Jetzt ... „So, das hätten wir", hörte ich wie aus weiter Ferne eine Stimme. „In Zukunft musst du aber gründlicher die Zähne putzen, sonst brauchen wir ihn das nächste Mal", brummte der Doktor.	Da kam der Doktor zurück. „So, jetzt mach einmal den Mund schön auf!" Immer tiefer rutschte ich in den Stuhl, während der Arzt in meinem Mund rumorte. Drohend **hängt** der metallisch glänzende Bohrer über mir. Plötzlich **streckt** Doktor Zahnstein die Hand aus. Bloß nicht den Bohrer, **denke** ich entsetzt. Ich **schließe** die Augen und **klammere** mich an der Lehne fest. Jetzt ... „So, das hätten wir", **höre** ich wie aus weiter Ferne eine Stimme. „In Zukunft musst du aber gründlicher die Zähne putzen, sonst brauchen wir ihn das nächste Mal", brummte der Doktor.

Lies dir beide Texte einmal laut vor und du merkst leicht den Unterschied. Wenn du den Höhepunkt deiner Erzählung formulierst, darfst du mit der Erzählzeit von der Vergangenheit in die Gegenwart wechseln. So wirkt deine Erzählung spannender und lebendiger. Dieses Stilmittel nennt man „historisches Präsens" oder „Erzählpräsens". Damit wird etwas aus der Vergangenheit so erzählt, als würde es jetzt, in diesem Augenblick stattfinden, und der Leser hat das Gefühl, direkt dabei zu sein.

1.3.3 Ich-Erzählung und Er-Erzählung – der Blickwinkel des Erzählers

Zur Erklärung der Erzählperspektive, des Blickwinkels des Erzählens betrachten wir ein neues Bild von Imke Staats:

Zeichnung: Imke Staats

Du erkennst gleich, warum alle Leute erstaunt bis dumm schauen. Da läuft ein kleiner Mann mit viel zu großen Schuhen an einem Café vorbei. Die Schuhe geben dabei ungewöhnliche Geräusche von sich.

Du kannst dich in die Lage des kleinen Mannes versetzen und erzählen, was du wieder Peinliches erlebt hast. Du kannst dich aber auch in die Lage jeder anderen Person dieser Zeichnung versetzen, in die der beiden Männer, in die des Paares, in die Lage der Mutter mit dem Kind, in das Kind, oder du schaust mit den Augen der Bedienung auf diesen seltsamen kleinen Mann mit den großen, quietschenden Schuhen. Du erzählst so, als wärst du selbst die Person, die du dir ausgewählt hast, und als hättest du alles selbst erlebt.
Wenn du es so machst, dann schreibst du in der Ich-Perspektive, dann bist du ein Ich-Erzähler und fühlst dich eben genauso wie die Person deiner Wahl.

Du kannst aber auch den Schriftsteller spielen, der die Menschen betrachtet und erzählt, was sie so tun, wie sie sich verhalten. Dann schaust du auf das Bild wie ein Beobachter und nimmst die Er-Perspektive ein. Du bist dann ein Er-Erzähler.

Zur Übung wenden wir uns nochmals der Zahnarztgeschichte zu, die kennst du ja nun schon fast auswendig.

Übung:

Schreibe den Anfang zur Er-Erzählung um, lies die Ich-Erzählung und die Er-Erzählung jemanden vor und versuche, den Unterschied zu erklären.

Als ich am vergangenen Dienstag von der Schule kam, empfing mich meine Mutter schon an der Wohnungstür: „Heute gehst du aber zum Zahnarzt! Du hast es lange genug hinausgeschoben. Um halb drei Uhr bist du bei Doktor Zahnstein angemeldet.“ Ärgerlich warf ich meinen Schulranzen in die Ecke und maulte: „Aber ich habe doch heute so viele Hausaufgaben! Außerdem bin ich am Nachmittag mit Stefanie verabredet.“ Bei dem Gedanken an den Bohrer wurde mir ganz mulmig zumute. Doch alle Ausreden halfen mir nichts. Meine Mutter bestand auf dem Besuch beim Zahnarzt. Also machte ich mich mit einem flauen Gefühl im Magen auf den Weg.	

► Lösung Seite 185

Es liegt bei dir, welche Erzählweise dir besser gefällt. Bist du ein eher nüchterner Mensch, dann solltest du die Ich-Perspektive pflegen, weil du so mit deinen Gedanken und Gefühlen stärker in die Geschichte hineinkommst. Gehörst du zu den Menschen, die ohnehin gerne schreiben und ausgestalten, dann hast du keine Probleme mit der Er-Perspektive, die häufig etwas nüchterner wirken kann und sich manchmal schon dem Bericht nähert.

1.3.4 Der Erzählaufbau

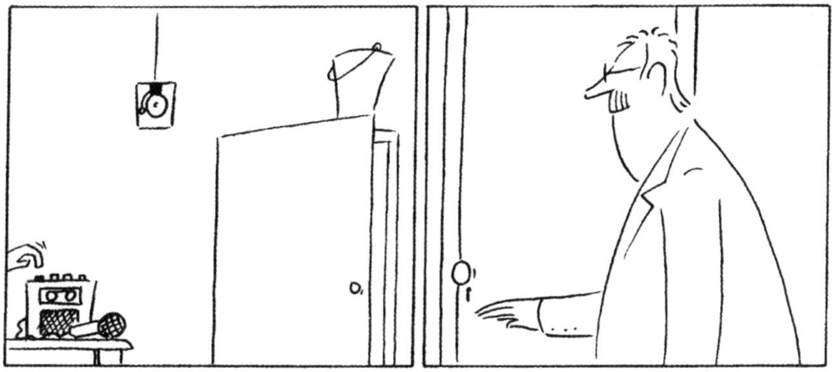

Zeichnungen: Peter Thulke

Übung:

Betrachte die Bilder* genau und stell dir das Geschehen vor. Schreibe wie in unserem ersten Comic vom Geburtstagkuchenmonster zu jedem Bild eine Zeile, die den Handlungsverlauf deutlich macht. Dabei solltest du aber nicht einfach aufschreiben, was du im Bild siehst – besser ist es, weitere Informationen zum Handlungsverlauf zu geben.
Dabei lernst du die erste Grundregel des Erzählens: Du musst deine Gedanken in die richtige Reihenfolge bringen, vor allem die Handlungsschritte müssen richtig und sinnvoll aufeinander folgen. Es kann durchaus sein, dass ein Bild auch zwei oder mehrere Handlungsschritte enthält. Dafür sind die Zeilen unter den Zeichnungen da.

Wenn du nun noch wörtliche Reden einträgst, dann weißt du wahrscheinlich schon, wie du die Erzählung schreiben würdest.
Die Streichgeschichte lehrt schon die Grundzüge eines guten Erzählaufbaus.
Die Handlung muss sinnvoll sein, aber auch begrenzt: Konzentriere dich auf ein Erlebnis, das eine runde, dichte Geschichte ergibt.
Die Orte der Erzählung müssen stimmen. Gut ist es, nur einen Ort zu haben.
Dies gilt auch für die Zeit. Ein kurzer überschaubarer Ablauf von wenigen Minuten oder Stunden genügt. Überschreite nicht die Tageslänge.
Klar soll der Höhepunkt der Erzählung zu erkennen sein. Das ist der lustigste, spannendste, handlungsreichste Punkt des Erzählens. Auf diesen Punkt läuft alles hinaus.

► Lösung Seite 185–186

* Info für Lehrer: Die Bildergeschichten von Peter Thulke gibt es als Kopiervorlagen im Bange Verlag.
Die einzelnen Bilder können daraus so vergrößert werden, dass nicht nur die Handlungsfolge hineingeschrieben, sondern auch Sprechblasen eingezeichnet werden können. Ferner sollten die Bilder farbig gestaltet werden. Schülern, die auf diese Art das Comic fertig gemacht haben, fällt es dann sicher auch leicht, eine Erzählung dazu zu schreiben.

Merke

Die folgende Abhak- und Merkliste kannst du dir als Arbeitsbogen für jede Schulaufgabe bereitlegen und mit deinen Erzählideen zu den jeweiligen Aufgaben füllen.

A. Der Großbuchstabe A steht für die Einleitung.
In der Einleitung stellst du die Stimmung dar, in der die Erzählung spielt, die genaue Zeit – von der Jahreszeit bis zur Uhrzeit, wenn die für die Handlung eine Rolle spielt. Der Hauptort darf nicht fehlen und natürlich auch nicht die Hauptperson.

B. Der Großbuchstabe B steht für den Hauptteil deiner Erzählung.
Darin spielt sich die eigentliche Handlungsentwicklung ab. Der Hauptteil enthält mehrere Erzählschritte, die du mit römischen Zahlen bezeichnest. (Die Anzahl der Erzählschritte hängt von deiner Geschichte ab.) Diese Erzählschritte führen zum Höhepunkt. Das Hinführen zum Höhepunkt nennt man den Spannungsbogen.
I.
II.
III.
IV. Höhepunkt

C. Der Großbuchstabe C bezeichnet den Schluss der Erzählung.

In einer grafischen Darstellung sieht das so aus:

Die Erzähltreppe

Wenn du die Erzählregeln genau befolgst, ergibt sich die Erzähltreppe:

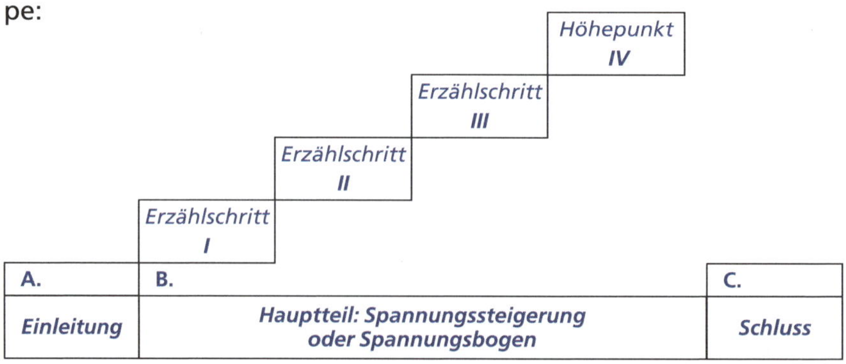

Die Erzähltreppe zeigt die häufigste Art des Erzählaufbaus. Es gibt aber auch andere Möglichkeiten.

Du kannst die Geschichte beispielsweise vom Schluss her beginnen, etwa so:

Lesetext

Bernd konnte es gar nicht erwarten, von der Schule nach Hause zu kommen. Kaum war er zur Tür hereingestürmt, da platzte er schon los: „Mama, heute haben wir Herrn Friedrich aber einen Streich gespielt. Er war patschnass. Beinahe hätten wir nachsitzen müssen. Aber dann hat er doch noch über uns gelacht und wir durften nach Hause gehen." Mama verstand mal wieder nur Bahnhof. „Langsam, Bernd, langsam, komm erzähl, aber fang von vorne an!", erwiderte sie freundlich. Während Bernds Mutter noch die letzten Vorbereitungen fürs Mittagessen traf, legte Bernd los.

Bernd muss nun besonders gut erzählen. Natürlich möchte seine Mutter wissen, was die Klasse ausgeheckt hat und warum Herr Friedrich am Ende doch lachen musste.
Wenn du auf diese Art um deine Geschichte noch eine Rahmenhandlung herumlegst – hier, wie Bernd ganz aufgeregt heimkommt und erzählt –, dann hast du einen Erzählrahmen. Der Rahmen schließt am Ende die Erzählung dann auch ab:

Da musste auch Bernds Mutter furchtbar lachen. Während sie aßen, musste Bernd immer noch schmunzeln.

Richtig lange Geschichten werden meist in Wellen erzählt. Oft hat ein Kapitel mehrere kleine Höhepunkte, die dann zu einem großen Höhepunkt hinlaufen.
Die Geschichte vom Geburtstagskuchenmonster enthält beispielsweise kleine Wellen. Fast aus jedem Bild kannst du eine Erzählung mit Höhepunkt machen.
Die Ankunft. Das Monster ist ja schon ziemlich hungrig. Wird es einen guten Wohnort finden?
Der Geburtstag von Herrn Schläfrig.
Die Computersuche des kleinen Monsters. Findet es die richtigen Adressen?
Sein erster Besuch, lässt man ihn ein?
Alle kleinen Geschichten laufen aber auf die eine große hinaus, nämlich auf die von Fritz Nix, der immer nur in Schaltjahren Geburtstag hat.

Die Überraschung, die das Geburtstagskuchenmonster Fritz Nix bereitet, ist eine ganz eigene Erzählung, die du wiederum aus verschiedenen Blickwinkeln erzählen könntest. Als Erzählanfänger genügt es aber, den einfachen Spannungsbogen zu beherrschen und einige Tricks der Ausgestaltung zu kennen.

1.3.5 Der Spannungsaufbau

Lesetext

Die Mutprobe

Zeichnung: Peter Thulke

Die beiden Freunde Peter und Paul gingen an einem sonnigen Nachmittag im Hochsommer ins Schwimmbad. Schwitzend im Schwimmbad angekommen, fanden sie ein gutes Plätzchen unter einem Baum. Sie hatten ihre Memory-Karten mitgenommen und spielten Memory.

Nach einiger Zeit wurde ihnen das Spiel zu langweilig. Die Sonne schien so heiß, dass es ihnen selbst in der Badehose zu heiß wurde. „Komm, wir schwimmen eine Runde!“, meinte Paul. Peter war gleich einverstanden. Sie packten das Spiel schnell unter die Decke und sausten über die Wiese zum Schwimmbecken. Sie duschten sich ab und gingen langsam ins kühle Wasser. Nachdem Peter eine Runde geschwommen war, kletterte er mit affen-artiger Geschwindigkeit zum Sprungturm hoch und ließ sich sofort ins Wasser fallen. Nach einem lauten Klatsch tauchte er prustend wieder auf und rief Paul zu: „Spring doch auch mal, wenn ich das kann, kannst du es auch!“ Er überredete seinen Freund so lange, bis Paul zögernd sagte: „Na gut, ich versuche es!“ Er ging zum Turm und schaute zaghaft hinauf. Langsam stieg er die vielen Stufen empor, bis er ganz oben war. Als er in die Tiefe blickte, wurde ihm ganz schwindelig und er fühlte tausend Schmetterlinge in seinem Bauch. Ihm

war, als stünde er auf dem höchsten Hochhaus der Welt und müsste hinunterspringen ins tiefe, tiefe Meer. Es vergingen fünf Minuten, zehn Minuten, fünfzehn Minuten – da schrie der Bademeister: „Spring doch endlich, der Turm macht gleich zu!“ Paul nahm all seinen Mut zusammen, machte die Augen zu und sprang. Als er im Wasser schwamm, merkte er, dass es gar nicht so schlimm gewesen war. Peter sagte: „Super, du hast die Mutprobe bestanden!“ „Das war eine Mutprobe?“, fragte Paul mit großen Augen. „Ja, das war es!“, antwortete Peter.
Sie tollten noch einige Zeit im Schwimmbecken herum. Nach dem erlebnisreichen Nachmittag zogen sie sich ruhig um und fuhren mit ihren Rädern nach Hause. Paul war sehr stolz auf sich.

Übung:

Schreibe zu dieser Erzählung den Erzählplan!

A. ____________________

B. ____________________

I. ____________________

II. ____________________

III. ____________________

IV. Höhepunkt: ____________________

C. ____________________

► Lösung Seite 186

Diese Geschichte gehört zu dem Themenbereich „Als ich zum ersten Mal ...“ und ist bestimmt schon tausendfach geschrieben worden, weil du an ihr alle Hauptmerkmale des Erzählens lernen kannst.

Plane deine Erzählung vom Höhepunkt her!
Bei diesem Thema ist alles ganz einfach. Natürlich ist der Sprung ins Wasser der Höhepunkt oder das Geschehen, das sich um den Sprung dreht.

Mit dem Höhepunkt hast du auch gleich den Schluss.
Du weißt, dass nach dem Höhepunkt der Schluss kommt, in dem die Spannung gelöst wird und alle glücklich und zufrieden sind.

Jetzt gehst du nach vorne zur Einleitung.
In der Einleitung erzählst du wer, was, wann, wo, wie und vielleicht warum tut.
Vergiss aber keine dieser Fragen!

Schwierig ist der **Übergang von der Einleitung zum Hauptteil**.
Da die Einleitung hauptsächlich über den Ort des Geschehens, das Wetter, die Menschen, das Drumherum informiert, bleibt sie eigentlich handlungsarm. Du musst dir deshalb überlegen, wie du die Handlung in Gang bekommst und den ersten Erzählschritt einleitest.
Hier ist es die Aufforderung von Paul, eine Runde zu schwimmen.

Die Spannungssteigerung
Da du den Höhepunkt bereits kennst, überlegst du dir mindestens drei Schritte, die zum Höhepunkt hinführen, aber natürlich mit dem Höhepunkt etwas zu tun haben müssen. Es genügen somit die einfachen Handlungsschritte der Reihe nach.
Peter, der auf den Turm steigt, der sich nicht traut, der erst aufgefordert werden muss, sich dann zusammenreißt und springt.

Info

Wenn du diese Denkschritte verstanden hast, dann kann schon gar nicht mehr so viel schief gehen. Kurz: Du beginnst mit dem Höhepunkt und fügst gleich den Schluss an, von da gehst du zur Einleitung, überlegst einen Übergang von der Einleitung zum Hauptteil und planst dann die Erzählschritte, die zum Höhepunkt führen.

1.3.6 So wird die Erzählung lebendig – die sprachliche und erzählerische Ausgestaltung

Sprachliche Mittel

Denk noch einmal an das Geburtstagskuchenmonster von Imke Staats. So wie die Zeichnungen in dem Comic fein und lebendig ausgestaltet sind mit vielen detaillierten Dingen, so wie zeichnerisch auch Stimmungen gezeigt werden, so lebendig und interessant soll auch deine Erzählung werden. Du sollst das allerdings mit sprachlichen Mitteln erreichen.
Zuallererst geht es um die Wahl der Worte:

Anschauliche Verben

Nimm anschauliche Verben und suche solche, die genau treffen, was du ausdrücken willst, die die Atmosphäre haben, die du beschreiben möchtest. So ist es jeweils etwas anderes, ob zum Beispiel jemand geht, läuft, hastet, rennt, spaziert, flitzt oder saust.
Vermeide vor allem die Häufung von Allerweltswörtern wie gehen, sagen, sehen, ist, hat.

Treffende Adjektive

Adjektive musst du bewusst einsetzen. Zu jedem Hauptwort oder Verb passt ein Adjektiv besonders gut.

Abwechslungsreiche Redeeinführungen

Wähle Redeeinführungen, die in der Stimmung zu dem passen, was in der wörtlichen Rede gesagt wird.

Gedankenrede

Gefühle und Stimmungen der Personen in deiner Erzählung lassen sich gut in der Gedankenrede ausdrücken. Hierfür brauchst du keine Redeeinführung und auch keine Anführungs- und Schlusszeichen. Du schreibst das Gedachte in normalen Sätzen.

Einfache Sätze

Bilde einfache Sätze. Beginne die Sätze nicht mit „und"!
Wechsle im Satzbau ab!
Baue den einfachen Satz so aus, dass er alle Satzglieder enthält: Subjekt, Prädikat, Objekt und adverbiale Bestimmungen.

Aktiv

Schreibe im Aktiv. Das Passiv wirkt langweilig.

Erzählpräsens
Du darfst beim Höhepunkt von der Vergangenheit, vom Präteritum, in die Gegenwart, ins Präsens, wechseln. Das wirkt lebendig, anschaulich und nah.

Verwende deine Sinne:
Rieche, schmecke, sehe, fühle!
Löse eine allgemeine Angabe von Zeit oder Ort in kleine beobachtbare, fühlbare, riechbare Einzelheiten auf:

Es ist Herbst.
Besser als diese Information klingt:
Bunte Blätter rascheln am Boden. Ein kühler Wind bläst mir ins Gesicht. Ich schlage den Kragen hoch.

Er befindet sich am Meer.
Besser als diese Information klingt:
Die Füße sinken in den feinen Sand, unablässig rauschen und schlagen die Wellen, Möwen kreischen, …

Zeichnung: Peter Thulke

Mimik und Gestik
Gefühle können durch die Beschreibung von Mimik (Gesichtsausdruck), Gestik (Bewegungen) und typischen Verhaltensweisen deutlich gemacht werden. Dabei nicht übertreiben:
Sie lächelte. Mit strahlenden Augen hüpfte sie den schmalen Pfad entlang.

Vergleiche
Setze Vergleiche ein! Das macht das, wovon du erzählst, anschaulicher.
Schnell wie der Wind flog sie über den Bach.

In vielen Adjektiven sind Vergleiche versteckt. Benutze solche Wörter:
nagelneu, blitzsauber, spiegelglatt, eiskalt, glasklar, pechschwarz, …

Im folgenden Lesetext sind die oben genannten Stilmittel hervorgehoben:

Lesetext

Schülertext	Auffällige Stilmittel
Das passiert mir nie wieder Drrr! Mein Wecker **schellte laut** und **riss** mich aus meinen Träumen. **Ärgerlich** stand ich auf und **torkelte** ins Badezimmer. Dort wusch ich mich und zog mich an. Jetzt ging ich verschlafen zum Frühstückstisch. Dort musste ich wie immer **alleine** essen, denn meine Eltern waren schon **lange** fortgegangen. Nun machte ich mich noch **schnell** bereit und **marschierte** dann los in Richtung Schule. Als ich beim Bäcker vorbeikam, traf ich Frau Fritz, die sonst immer erst um Viertel nach acht einkaufen ging. Ich wunderte mich, denn ich begegnete keinem einzigen Schulkameraden. Da kam ich bei dem Schild „Vorfahrt gewähren!“ an.	gut gewählte Verben: blau genaue und anschauliche Adjektive: rot
Da war es **so still, dass man eine Ameise hätte laufen hören können**. Hier **schrien die Kinder sonst immer so laut, als wäre man im Pausenhof**, obwohl der noch mindestens 50 Meter entfernt ist. Nun wurde ich **ängstlich**, als auf dem Schulhof noch immer kein Ton zu hören war.	Vergleiche: grün
Ich **lauschte**, doch **es war nicht einmal eine Lehrerstimme zu vernehmen**. **Leise schlich** ich zu unserem Klassenzimmer. Dort **hörte ich** den Gong. **Hastig** öffnete ich die Tür und **huschte** auf meinen Platz. Alle schauten mich **verwundert** an. Auch ich war **erstaunt**, denn es stand nicht wie gewöhnlich Herr Hacker an der Tafel, sondern Herr Becker, den wir normalerweise erst in der zweiten Stunde hatten.	Einsatz der Sinne: orange
Er fragte: „Wieso bist du so **spät** dran? Geht dein Wecker nicht oder sind deine Eltern verreist?“ Alle lachten und ich **schämte** mich. Jetzt fiel es mir ein: Es war Sommerzeit. Ich hatte vergessen, den Wecker umzustellen. **Ich wisperte:** „Es tut mir leid, ich habe nicht daran gedacht, dass heute die Zeitumstellung war.“	Redeeinführung: lila

Schülertext	Auffällige Stilmittel
Da **öffnete** sich die Türe und Nadine kam herein. Alle lachten, denn ich war nicht die Einzige, die vergessen hatte, dass es Sommerzeit war.“ Später, in der Pause, redete ich mit Nadine über den Vorfall und **wir beschlossen gemeinsam:** „Das passiert uns nie wieder!!	

Insgesamt bemerkst du, dass du die Stilmittel auch nicht gewaltsam in den Text pressen musst. Die Sprache dieses Aufsatzes ist durchaus einfach. Das Erzählpräsens wird nicht verwendet. Eine Gedankenrede kommt lediglich am Schluss vor: *Jetzt fiel es mir ein …*
Die Erzählung klingt dennoch gut, weil anschauliche Verben vorkommen sowie eine große Zahl der genannten Stilmittel.

Die Flupppuppe

Zeichnung: Annette Kautt

Annette Kautt, Kinderbuchautorin aus Berlin, hat sie erfunden, die Flupppuppe, das unergründliche Wesen in Bikini und Stöckelschuhen. Die Flupppuppe möchte eigentlich ein Geschenk überbringen, das sie auf ihren wunderbaren langen Beinen transportiert. Als ihr aber ein Klapperstorch entgegenkommt, meint sie, das Baby aus dem Schnabel des Klapperstorches retten zu müssen.

Übung:

Schreib diese kleine Geschichte, indem du sie ordentlich planst und mit den sprachlichen und stilistischen Mitteln, die du bislang gelernt hast, ausgestaltest. Du kannst vier verschiedene Erzählperspektiven wählen:
Du bist der Beobachter und erzählst aus diesem Blickwinkel.
Du bist das Baby. Du bist Flupppuppe. Du bist der Storch.
Verwende dafür das folgende Arbeitspapier und folge beim Schreiben den Schritten 1 bis 5.

Ü Übung

A. Denk daran: Wer, Was , Wann, Wo, Warum ... ③

____

____

____

____

____

____

____

____

Wie kann ich zum Hauptteil überleiten? ④

____

____

B. Die Rettung des Storchenbabys
Welche Handlungsschritte führen mich sinnvoll zum Höhepunkt? ⑤

I.

II.

III.

IV. Höhepunkt Denke zuerst an den Höhepunkt! ①

C. Überlege gleich den passenden Schluss! ②

▶ Lösung Seite 186–187

1.3.7 Die inhaltliche Ausgestaltung

Du weißt jetzt schon viel über die Grundsätze des Erzählens:
Du erzählst im Präteritum.
Du teilst das Geschehen in sinnvolle Schritte ein.
Du denkst beim Aufbau vom Höhepunkt aus.
Du verwendest genaue und zu der Stimmung des Momentes passende Adjektive und treffende Verben.
Wörtliche Rede verwendest du einmal pro Sinnabschnitt und mehrfach im Höhepunkt. Dort gestaltest du einen kleinen Dialog.
Mit der Redeeinführung der wörtlichen Rede vermittelst du bereits die Stimmung des Gesagten oder die des Sprechers.
Deine Erzählung spielt in einem überschaubaren Rahmen, örtlich wie zeitlich.

Um deine Erzählung lebendig zu gestalten, gibt es weitere Möglichkeiten:

Beschreibe die Orte, an denen die Geschichte spielt, genau.
Beschreibe die Zeit, die Tageszeit, die Jahreszeit, in der deine Handlung spielt.

Beschreibe die Hauptperson und die anderen Personen genau. Beschreibe die Stimmung der Hauptperson in den einzelnen Sinnabschnitten.

Ausführliche Anleitungen zum Beschreiben findest du im dritten Hauptkapitel, das die Vorgangs-, Gegenstands-, Weg- und Personenbeschreibung genau erklärt.
In einer Erzählung überwiegt aber dennoch das Erzählen der Geschichte und nicht das Beschreiben. Zu viel Beschreibung soll es nun auch wieder nicht sein. Es genügen einige treffende Beobachtungen, um ein lebendiges Bild entstehen zu lassen.

Orte, Zeiten und Jahreszeiten beschreibst du in der Einleitung. Damit schaffst du die Grundstimmung für die folgende Erzählung.
Eine Stimmung entsteht selten aus nur einem Merkmal, sondern in der Regel aus einem Bündel von Merkmalen.
Jahreszeiten oder bestimmte Wettersituationen können die Grundstimmung einer Erzählung festlegen:

Grund-zeit	**Grund-stimmung**	**Was geschieht in der Natur?**	**Was tun die Menschen?**	**Welche Empfindungen gehören dazu?**
Frühling	Aufbruch, Freude	Die Natur erwacht zum Leben.	Sie beginnen Neues, pflanzen, bauen, sind tätig.	Freude, Reiselust, gute Luft
Sommer	Gelassenheit, Ruhe	Ernte auf den Feldern	Sie arbeiten, sie entspannen sich, sitzen im Freien, fahren in den Urlaub.	Langeweile, Abenteuer, Unternehmungslust
Herbst	Abschied, Nachdenken	Letzte Ernte; Natur erstirbt; Regen.	Sie bereiten sich auf den Winter vor. Aufräumen, Feste, Abschiede	Trauer, Wehmut, Freude über die Ernte und die Früchte
Winter	Ersterben, Ruhe, Tod; Kälte und Wärme	Alles Leben erstirbt – alles farblos; Kälte draußen, Wärme drinnen	Sie ziehen sich zurück, nur noch wenige auf der Straße. Sie sind eingemummt.	Wohlbehagen im Haus, Verdrossenheit in der Kälte, Freude bei Schneefall

Eine derartige Tabelle kannst du für jeden Monat anlegen und sogar für jeden einzelnen Tag. Es ist unmöglich, alle Stimmungen und Gefühle aufzuschreiben, aber es ist möglich, den Blick dafür zu öffnen. Deine Sinne helfen dir, deine Augen, deine Nase, deine Ohren – und deine Gefühle, die sich mit den Sinneseindrücken verbinden.

1.3.8 Die Montage, das Feature oder das Merkmalsbild

Zeichnung: Imke Staats

Die Idee der Montage kommt eigentlich aus der Kunst. Du fügst verschiedene Eindrücke zusammen und reihst sie aneinander. Alle Eindrücke sollen aber zu der von dir gewünschten Grundstimmung passen.

Übung:
Versuche unter Verwendung deiner Sinne die Grundstimmung dieser Zeichnung zu erfassen. Gehe von dem aus, was in der Zeichnung zu sehen ist, und nenne ein Merkmal des Bildes, das diese Stimmung vermittelt.

Übung

____

____

▶ Lösung Seite 187–188

Mit dieser Grundstimmung könnte eine Geschichte beginnen und natürlich kannst du noch weitere Merkmale ergänzen, die dir zu dieser Grundstimmung einfallen.

Eine Einleitung zu einer Erzählung, in der der kleine Mann zuhört, worüber sich seine Schuhe und die Pflanzen im Gemüsebeet unterhalten, könnte so klingen:

Lesetext

Die Luft war schon angenehm warm. Im Gemüsegarten spitzten die Mohrrüben ein wenig rot aus den Beeten. Ein Löwenzahn hatte sich mitten auf dem Beet prächtig entfaltet. Die Salatköpfe begannen sich zu öffnen. Der kleine Mann, der seinen neuen karierten Anzug angezogen und die schwarze Fliege umgebunden hatte, hörte ein leises Knarzen und Puffen und wusste, dass die Pflanzen gerade seinen magischen Stiefeln etwas erzählten. Er freute sich auf die Geschichte, die ihm seine Stiefel dann am Abend weitererzählen würden. Um genauer zuhören zu können, lief er zu seinem Gemüsebeet. Er lächelte, als ein Zitronenfalter an ihm vorbeischwebte.

Mit einer solchen Einleitung beginnt eine gute Geschichte. Es gibt kein Rezept, aber du kannst dir Mühe geben und mit der Zeit wird es dir gelingen, deine Umgebung genau wahrzunehmen und deine Gefühle dazu exakt zu beschreiben.

Die Gefühlskurve

Es gibt eine äußere Handlung, das ist die Reihenfolge des Geschehens. Und es gibt eine innere Handlung, das sind die Gefühle und Gedanken, die die Hauptperson während der einzelnen Erzählschritte hat.
Gefühle des Menschen drücken sich in seinem Gesichtsausdruck (Mimik), in seinen Bewegungen (Gestik) und seinen Gedanken aus.

Den letzten Bereich kennst du bereits, denn die Gedanken erscheinen als Gedankenrede, manchmal auch als wörtliche Rede, und die Stimmung vermittelst du durch die Redeeinführung.
Mimik, Gestik und Gefühle kannst du genauso wie die Natur und die Umgebung des Menschen genau beschreiben.

Die Gefühle der Hauptperson verändern sich im Lauf der Erzählung. Zum Beispiel ist jemand am Anfang der Erzählung ruhig und ausgeglichen, dann beunruhigt ihn etwas. Tatsächlich geschieht auch etwas und die Person ist traurig oder wütend darüber. Dann klärt sich die Situation wieder und die Person ist erleichtert. Dieser Verlauf der Gefühle während der Erzählung wird die Gefühlskurve genannt.

Versuche, ein paar typische Gefühlskurven zu entwickeln, vermeide aber abgenutzte Sprachmuster. Bleib am Boden und schreibe nicht zu reißerisch – es muss schon sehr viel passieren, bis dir die Schauer eiskalt den Rücken hinunterjagen. Durch genaues Beobachten von Reaktionen und Gefühlen findest du auch in diesem Bereich bald schöne und ungewöhnliche Wendungen.

Gefühlskurve: aufgeregt sein

denkbare Entwicklung	Mimik	Gestik
ruhig sein	entspannt schauen	ruhig dasitzen
sich gut zureden	Selbstgespräche führen	leicht gestikulieren
sich nur noch auf das eine Ereignis konzentrieren	Kopf in die Hände legen, auf das Ereignis starren, Unruhe	sich vorbeugen
alles um sich vergessen	weit aufgerissene Augen	auf das Ereignis zeigen
losschreien	Röte im Gesicht	hüpfen
jubeln	Augen leuchten, lachen	tanzen, sich im Kreise drehen
erleichtert sein	lächeln	seufzen, zusammensinken
ruhig sein	Augen für einen Moment schließen	sich zurücklehnen

Gefühlskurve: Angst haben

denkbare Entwicklung	Mimik	Gestik
innere Unruhe	Augen wandern unruhig hin und her	Finger spielen, mit den Füßen trippeln
beengendes Gefühl	Gesichtszüge erstarren	Körper versteift sich
verkrampfen	Grimasse ziehen, Augenbrauen hochziehen	die Arme verschränken oder auch Zurückweichen
erstarren	starren	Hände verkrampfen sich, Fäuste bilden, Beine zusammenpressen
verzweifeln	in Tränen ausbrechen, Nase läuft	Zittern, Beben des Körpers
entkrampfen	lächeln	locker werden
erleichtert sein	lachen und weinen	in sich zusammenfallen

Die Listen zeigen lediglich, dass sich für unterschiedliche Stimmungen eine Grundbezeichnung finden lässt; im Gesicht, in der Mimik spielt sich viel ab und es gibt deutliche körperliche Reaktionen. Du musst ja nicht jede Stimmung vollständig beschreiben, aber du kannst Stimmungen bezeichnen und wenigstens ein mimisches oder gestisches Element dazu ausführen. Das klingt dann schon recht lebendig.

Lies dazu Auszüge aus der Geschichte *Der Streich*:

Lesetext

Der Streich

Der Lehrer betritt das Klassenzimmer: Grundstimmung Aufregung

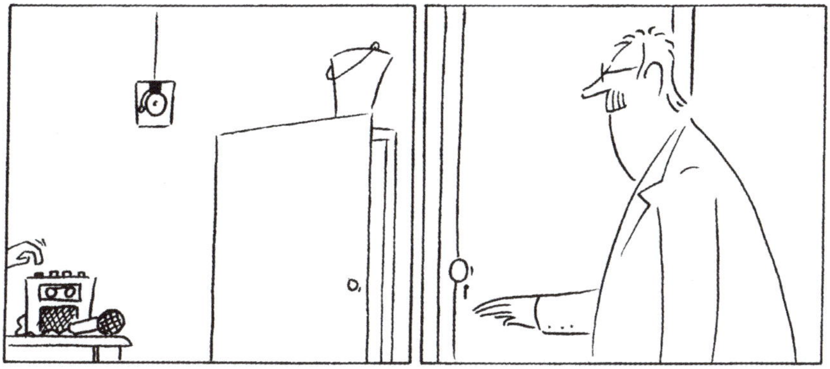

Vor lauter Aufregung **fing Tobias an zu zappeln, Christian fuchtelte wild in der Gegend umher. In der Klasse redeten alle wild durcheinander.**

Thomas wurde einstimmig beauftragt, Schmiere zu stehen. **Alle paar Sekunden** fragte Tobias Thomas: „Kommt der Lehrer jetzt endlich?" Thomas **antwortete immer mit genervter Stimme**: „Nein, er kommt noch nicht." Thomas spitzte durch den kleinen Türschlitz. Als Herr Weiß mit riesigen Schritten die Treppe herauftrampelte, flüsterte Thomas den anderen zu: „Pssst, er kommt!" Thomas setzte sich schnell wieder auf seinen Platz.

Daniel flüsterte leise mit Paul, Dominik stampfte mit den Füßen und Fabian zerkaute seinen Bleistift. Als die Schüler Herrn Weiß kommen hörten, wurden sie mucksmäuschenstill, was für diese Klasse ganz ungewöhnlich war.

Der Eimer ergießt sich: Der Lehrer ist wütend.

Mit einem Mal stürmte Herr Weiß in das Klassenzimmer und der Eimer ergoss sich über ihn. **Klitschnass und mit knallrot angelaufenem Gesicht stampfte er wütend zum Pult** und hinterließ dabei eine nasse Spur.

Die Klasse biegt sich vor Lachen: Der Lehrer ist noch wütender.

Die Klasse **bog sich vor Lachen**. Alle **schrien und grölten. Thomas wippte auf seinem Stuhl, bis er umfiel, Christian lag am Boden und konnte sich schon nicht mehr fangen, so arg musste er lachen. Tobias lachte, bis er heiser war und kein Wort mehr aus seiner Kehle brachte.** Als Herr Weiß am Pult ankam, **kickte er verärgert seinen Stuhl in die Ecke, schmiss seine Tasche auf den Tisch** und **brüllte wütend:** „Wer war das, wer hatte diese idiotische Idee?", und wurde noch röter als zuvor. Auf einmal hörten alle auf zu lachen und selbst Felix, der Lustigste aus der Klasse, schwieg. **Es war so still, dass man**

eine Feder hätte fallen hören. Zum Glück hatte Christopher alles auf Band aufgenommen. Dadurch rettete er schließlich die Situation.

Zeichnungen: Peter Thulke

Er spulte heimlich die Kassette zurück und ließ sie anschließend ablaufen. Da konnte sich selbst Herr Weiß das Lachen nicht mehr verkneifen, und alle Schüler mussten mit ihm lachen. Zur Krönung schenkte Christopher Herrn Weiß das Tonband, damit ihm eine Erinnerung an diesen Streich blieb.

Übung:

Die Gefühlskurve „Erleichterung kommt auf" kannst du am Beispiel dieser Erzählung selbstständig ergänzen.

Gefühlskurve: Erleichterung kommt auf

denkbare Entwicklung	Mimik	Gestik

▶ Lösung Seite 188

Info

Alle Merkmale des guten Erzählens – Grundkönnen

- Verwende in wichtigen Sinnabschnitten die wörtliche Rede. Im Höhepunkt ist sie ganz besonders wichtig. Beachte die Satzzeichen!
- Für Ideen, Denkvorgänge und Selbstgespräche – die Gedankenrede – verwendest du keine Anführungs- und Schlusszeichen.
- Charakterisiere mit den Redeeinführungen auch die Stimmung des Gesagten.
- Erzähle im Präteritum (erste Vergangenheit).
- In der wörtlichen Rede kommen alle Zeiten vor, die Zeiten bleiben unverändert.
- Das Erzählpräsens oder historische Präsens dient dazu, den Höhepunkt zu betonen und ihn lebendiger wirken zu lassen.
- Wähle die für dich richtige Erzählperspektive (Ich-Erzählung – persönlich, emotional, Er-Erzählung – distanzierter).
- Präge dir die Erzähltreppe gut ein. Versuche aber auch andere Aufbauideen zu verstehen: Erzählung in einem Erzählrahmen, Erzählung, die auf eine Pointe hinausläuft, literarische Formen.
- Lege dir für alle Erzählformen einen Arbeitsbogen zurecht.
- Bemühe dich, deine Ausdrucksweise zu verbessern:
  anschauliche Verben,
  treffende Adjektive,
  einfache Sätze,
  schreibe im Aktiv.
- Bemühe dich, deiner Erzählung eine treffende Grundstimmung zu geben.
- Verwende deine Sinne dafür: rieche, schmecke, fühle, schau hin.
- Entwickle zum äußeren Geschehen (Handlungsablauf) auch ein inneres Geschehen (Gefühlskurve).
- Entwickle die Haupthandlung logisch, der Reihe nach; bleib beim Thema.

1.4 Die Bildergeschichte

Bei den Bildergeschichten kommt es hauptsächlich darauf an, genau zu beobachten. Zunächst sollte man sich jedes Bild anschauen und es ganz genau beschreiben. Dann folgst du den Arbeitsschritten, die du in dem Kapitel Erlebniserzählung gelernt hast.

Übung:

Du überlegst dir den Aufbau deiner Geschichte, legst vor allem den Höhepunkt fest.

Dann entscheidest du dich für eine Erzählperspektive. Schließlich entwickelst du noch die innere Handlung in einer Gefühlskurve, du solltest es zumindest versuchen, und zum Schluss skizzierst du die Geschichte in einem Erzählplan.

Die folgende Bildergeschichte kannst du in dieser Weise bearbeiten. Die Fragen unter den Bildern helfen dir dabei. Wenn du Zeit hast, dann mal die Bilder aus. Du entdeckst dann die Details leichter!

Übung

Wie ist die Grundstimmung?	Wo kommt sie her?
Wie heißt die Frau? (Bitte Vor- und Nachnamen)	Was hat sie getan?
In welchem Ort lebt sie?	Wen trifft sie?
Was will sie?	Wie heißt die andere Frau?
	Wie ist die Grundstimmung?

Hat sich die Grundstimmung verändert?	Wo kommt der Hund her?
Worüber sprechen die beiden Frauen? Nenne einige Themen!	Wie heißt er?
Wo befinden sie sich?	Was hat er vor?
Beachte den Korb!	Wie fühlt sich der Hund?
	Was denkt er sich?

Zeichnungen: Peter Thulke

Hat sich die Grundstimmung verändert?	Wie bemerkt die Frau die fehlende Wurst?
Was ist geschehen?	Warum schimpft sie?
Welche Folgen? Denke an den Hund.	Was wird sie wohl tun?
Wohin ist der Hund gegangen?	Wo ist die andere Frau?
Beachte den Korb!	Wie ist die Stimmung der Frauen, des Hundes?

► Lösung Seite 188–189

Ordne dann die Bilder der Erzählskizze zu, ergänze fehlende Schritte! Deine Erzählskizze hängt vom Blickwinkel ab. Du kannst aus dem

Blickwinkel des Feinkostladenbesitzers, der durch seine Ladenscheibe spitzt, erzählen. Auch die nette Bekannte könnte erzählen. Die redetüchtige Wurstkäuferin kannst du auch erzählen lassen, aber ebenso kann der Hund zum Erzähler werden. Von dem jeweiligen Blickwinkel hängen sowohl Höhepunkt als auch die Überschrift ab.

Vergleiche oder verbessere!

Aus dem Blickwinkel des Feinkostladenbesitzers:

A. Denk daran: Wer, Was, Wann, Wo, Warum... ③

Eberhardt Schätzlein, Feinkostladenbesitzer in Einbeck, sah Frau Friederike Marktbeck – redefreudig.

Freitag, harter Tag, abends, die Kundin hielt ihn auf.

Eberhardt Schätzlein etwas verärgert, Kauf einer Wurst dauerte 15 Minuten.

Wie kann ich zum Hauptteil überleiten? ④

Blickte ihr nach, sah aus dem Fenster, erschrak, denn da kam Ulrike Krauss.

B. Der Verlust der Wurst

Welche Handlungsschritte führen mich sinnvoll zum Höhepunkt? ⑤

I. Entzücken, Kreischen, Umarmen, lange nicht mehr gesehen und doch so viel geschehen. Schwiegermutter krank, Urlaub in Spanien verregnet, Urlaub in Frankreich auch, die tüchtigen Kinder ...

II. Friederike erzählte, dass sie soeben das Lieblingsessen für ihren Sohn gekauft hat – Currywurst mit Ketchup.

III. Ulrike Krauss beklagte sich über ihre verwöhnte Tochter.

IV. Max, verfressener Hund aus der Nachbarschaft, näherte sich. Herr Schätzlein sah ihn und freute sich, stellte sich in die Tür, um das Schauspiel zu erleben.

Denke zuerst an den Höhepunkt! ①

V. Höhepunkt: Hund Max nähert sich, Herr Schätzlein will doch warnen, Frau Krauss möchte sich verabschieden. Doch zu spät. Max ist schneller. Allgemeines Kreischen, Verwirrung. Schimpfen. Herr Schätzlein lacht.

C. Überlege gleich den passenden Schluss! ②

Herr Schätzlein war gutmütig, schenkte Frau Schätzlein eine neue Wurst, das war ihm das Schauspiel wert.

Du kannst nun den Plan für die anderen Personen umschreiben, zumindest aber skizzieren.

Übung

Der Hund erzählt

A. Denk daran: Wer, Was, Wann, Wo, Warum … ③

Wie kann ich zum Hauptteil überleiten? ④

B. Die leckere Mahlzeit

Welche Handlungsschritte führen mich sinnvoll zum Höhepunkt? ⑤

I.

II.

III.

Denke zuerst an den Höhepunkt! ①

C. Überlege gleich den passenden Schluss! ②

▶ Lösung Seite 189–190

Viele Bildergeschichten bestehen allerdings aus nur wenigen Bildern. Du musst nötige Informationen zur Geschichte selbst erfinden und dir auch Gedanken machen, wo genau der Höhepunkt liegen könnte und welche Rolle du als Erzähler oder Erzählerin einnehmen möchtest.

Übung:

Betrachte dazu die folgende Bildergeschichte von Peter Thulke, entwickle eine Erzählskizze. Erfinde eine Überschrift!

Zeichnung: Peter Thulke

▶ Lösung Seite 190

1.5 Die Phantasieerzählung

Phantasieerzählungen überschreiten wie die klassischen Vorbilder, die Märchen, Lügengeschichten und Eulenspiegelgeschichten, die Grenzen der Wirklichkeit.
Tiere können sprechen und Abenteuer erleben.
Der Leser lässt sich gerne in die Welt der Phantasie entführen. Er versteht auch, dass der Held sich verändern kann, besondere Kräfte und Gegenstände besitzt. Dennoch gilt, dass sich das Erzählen in sinnvoller Logik entwickelt und im Bereich des vorgegebenen phantastischen Rahmens bleibt.
Es gibt zahllose Vorbilder in diesem Bereich und berühmte Helden, wie das Sams von Paul Maar, den Pumuckl von Ellis Kaut und andere Wesen unserer Phantasie, nicht zu vergessen die große Zahl der Gespenster. Du kannst eine Geschichte nach einem großen Vorbild schreiben, dann solltest du aber deinen Helden auch in der typischen Weise, wie der große Autor es vorgemacht hat, handeln lassen.
Am schönsten bleibt es aber, wenn du dir Geschichten selbst ausdenkst oder die Herausforderung annimmst, die viele Bildergeschichten anbieten.
Zum Bereich der Phantasiegeschichten gehören auch die Parallelgeschichten, denn in ihnen ahmst du eine bestimmte literarische Kunst-

form nach, wie zum Beispiel die Sage, das Märchen, die Eulenspiegelgeschichte oder einen Schildbürgerstreich.

Die Bildergeschichten geben einen gewissen Rahmen vor, der unbedingt eingehalten werden soll.
Ein kurzer Flug (s. unten) gehört zu den Bildergeschichten, aus denen du eine klassische Phantasiegeschichte entwickeln kannst. Klassische Phantasieerzählungen enthalten als Erzählrahmen einen Traum. Innerhalb des Traums spielt sich die Geschichte dann wie in der üblichen Erlebniserzählung ab.

Zeichnung: Peter Thulke

Die Phantasiegeschichte *Ein kurzer Flug* gibt dir eine gute Hilfe, in die phantastische Welt einzudringen, denn das letzte Bild erklärt die ganze Geschichte und gibt damit der gesamten Erzählung den Rahmen. Unser Held hat die Geschichte nur geträumt.

Übung:

Lies die folgende Geschichte, um in die Welt des Phantastischen einzudringen.
Sie stammt von der Kinderbuchautorin Annette Kautt.
(www.rossipotti.de)

Der Zoobesuch
von Annette Kautt

Lesetext

Heute darf ich mit meinem Hund Schluffi ganz alleine in den Zoo!

Es ist ein besonderer Zoo, denn nur in diesen Zoo darf man seine Hunde mitnehmen. Normalerweise müssen Hunde immer zu Hause bleiben, wenn ihre Besitzer in den Zoo gehen. Das finde ich ganz gemein. Denn Hunde wollen auch die anderen Tiere sehen. Vielleicht sogar noch mehr als die Menschen. Hunde sind nämlich viel eher ein Tier als ein Mensch. Im Zoo wollen die Hunde ihre Verwandten sehen.

Heute gehe ich also mit Schluffi in den Zoo. Wir müssen lange warten, bis wir an der Kasse eine Kindereintrittskarte für mich kaufen können. Denn vor mir stehen viele andere Hundebesitzer, die alle auch eine Karte haben wollen. Doch dann sind wir endlich dran. Eine Karte für ein großes Kind, bitte schön. Ich bin schon sechs Jahre!

Schau mal, Schluffi. Da hinten stehen Elefanten! Siehst du den weichen langen Rüssel von dem großen Elefanten? Ganz sachte und vorsichtig untersucht sein Rüssel den Boden, ob er dort irgendetwas Essbares für den großen Elefanten findet. Das interessiert dich nicht, Schluffi?

Na gut, dann gehen wir zuerst einmal zu den Wölfen. Hast du schon gewusst, dass du von den Wölfen abstammst, Schluffi? Du bist zwar viel kleiner als sie, du hast auch kein so schönes Fell wie sie, und so mutig wie ein Wolf bist du schon lange nicht. Aber trotzdem bist du eigentlich ein Wolf.

Außerdem hast du viel längere Schlappohren als diese Wüstenmaus hier. Schon komisch, dass Wüstenmäuse kein Hundefutter vertragen.

Aber komm mal hierher, Schluffi. Dieser Mungeti hat ein Fell wie ein Hund. Etwas rötlich vielleicht, aber eigentlich könnte das das Fell eines Cockerspaniels sein. Cockerspaniels mag ich eigentlich nicht so sehr. Ihr Fell ist viel zu lang. Das muss man immer kämmen, und trotzdem setzen sich ständig Flöhe rein.

Schluffi, ist es hier nicht schön im Zoo?

„Manatis" steht da auf dem Schild. Der kann noch viel tiefer tauchen als du. Dabei bist du doch der beste Schwimmer aus unserer Straße. Wenn ich nur daran denke, wie schnell du beim letzten Hundewettkampf über den Fluss geschwommen bist! Alle Achtung, Schluffi. Wirklich klasse. Da hat es sich wirklich gelohnt, dass ich sechs Wochen jeden Tag mir dir geübt habe. ‚Hopp, Schluffi, Holz holen, Schluffi, zurückkommen, Schluffi, super gemacht, Schluffi, jetzt nochmal von vorne, Schluffi.' Weißt du noch, wie der Pudel von den Meiers neidisch geguckt hat, als dir die Hundewurst umgebunden wurde?

Schluffi, du und ich. Wir passen einfach gut zusammen.

Zeichnung: Annette Kautt

Ich bin so froh, dass Mama und Papa mir keine Schildkröte gekauft haben. Zuerst wollten sie ja auf keinen Fall einen Hund im Haus haben. Eine Schildkröte sollte es sein. Eine Schildkröte ist schön leise und braucht nicht so viel Pflege, haben sie gesagt. – Dabei, hast du vorhin im Terrarium gesehen, wie ungepflegt diese Schildkröten sind? Doch bei denen kannst du nicht mal eben mit dem Kamm durch die Haare gehen. Ganz unappetitlich sahen die Schuppen und der Panzer aus. –
Aber als du dann dieses Jahr die Hundewurst gewonnen hast, da waren Mama und Papa schon auch stolz gewesen. Ich habe es an ihren Augen gesehen. Papa hat sich sogar heimlich mit einem Taschentuch ein paar Tränen aus dem Augenwinkel gewischt. So gerührt war er.
Sollen wir uns jetzt noch die Flughunde anschauen, Schluffi?
Wäre das nicht auch schön, wenn du Flügel wie diese Flughunde hättest? Und wenn du so groß wie ein Pferd wärst und dann noch Flügel hättest! Das wäre schön, Schluffi! Dann könnten wir viele Abenteuer erleben. Jetzt erleben wir natürlich auch viele Abenteuer, Schluffi. Aber wenn du ein geflügeltes Pferd wärst. Das wäre doch etwas anderes. Zuerst würde ich mir alles mal mit dir von oben anschauen. Und dann würde ich mit dir nach Persien fliegen und mir eine schöne Prinzessin vom Dach eines Palastes stehlen. Die Prinzessin würde ich dann in dem baufälligen Haus in der Stielemannstraße verstecken und ihr immer wieder mal einen Löwen oder ein Kamel vorbeibringen, damit sie kein Heimweh bekommt. Ach, Schluffi, das wäre ein Leben!
Aber leider bist du kein geflügeltes Pferd. Und wir sind hier nicht in Persien, sondern nur in Deutschland in einem Zoo. Allerdings in einem Zoo, in den man seine Hunde mitbringen darf.
Wenn ich hier das Schild lese, Schluffi, können wir sehr froh sein, dass du keine Eidechse bist. Denn Eidechsen verlieren ganz leicht ihren Schwanz, wenn sie in Gefahr sind. Dann hättest du sicher schon oft deinen Schwanz verloren, und das würde bei dir sicher unmöglich aus-

sehen. Denk doch nur an die vielen Male der Gefahr, als dich der Rottweiler von unseren Nachbarn so furchtbar angeknurrt hat! Oder als dich der Gemüsehändler mit der Schaufel verfolgt hat, weil du mal wieder an seinen Gemüsestand gepisst hast. Dabei müssen doch Hunde ihr Revier abstecken. Das muss doch der Gemüsehändler wissen. Immerhin ist der schon groß. Größer noch als Benny. Und der macht bald sein Abitur. Der Benny weiß auf jeden Fall, dass Hunde ihr Revier abstecken müssen.

Ich bin wirklich stolz auf dich, Schluffi, dass du das immer so gewissenhaft machst. Alle paar Meter das Bein heben, das ist sicher anstrengend.

Irgendwie bin ich jetzt vom vielen Laufen etwas müde geworden, Schluffi. Sollen wir nicht nach Hause gehen? Zuhause habe ich noch eine angefangene Schokolade auf meinem Schreibtisch, und für dich ist noch etwas Hundekuchen übrig.

Bevor wir gehen, schauen wir uns da hinten noch die Hängebauchschweine an. Die haben so traurige Augen wie du, wenn du schon lange keinen Hundekuchen mehr bekommen hast. So ein Schwein ist sicher eine traurige Angelegenheit. Komm, wir gehen nach Hause, ich habe genug gesehen.

Alles in allem hat es uns wirklich gut gefallen im Zoo. Meinem Hund Schluffi und mir. Das Einzige, was mich wundert, ist, dass in dem Zoo außer den Elefanten alle Tiere ein bisschen wie ein Hund aussehen.

Kommentar:
Diese Erzählung verdeutlicht, dass der Erzählaufbau nicht immer streng auf einen Höhepunkt hinlaufen muss. Für Geschichten genügt auch eine gute Aufbauidee. Hier besteht sie schlichtweg darin, dass sich der Besucher in Gedanken mit seinem Hund über hundeähnliche Tiere unterhält. Am Ende enthält die Geschichte eine kleine Pointe, das ist ein überraschender Schluss, der die Erzählung witzig abrundet.

Übung:

Verfasse eine Phantasiegeschichte zu folgendem Thema:
„Ein Klick auf die Zaubertaste am Computer"

► Lösung Seite 190–191

1.6 Die Reizworterzählung

Reizwörter sind einige wenige Wörter, die ähnlich wie Bilder zum Erzählen anregen.

Zur Reizworterzählung fügen wir keine weitere Übung an. Du sollst sie nur kennen lernen. Die einzige Herausforderung, die die Aufgabe an dich stellt, besteht darin, die Reizwörter dem bekannten Erzählplan zuzuordnen und gegebenenfalls Lücken in der Handlungsfolge zu schließen. Viele Lehrer fordern, dass die Reizwörter im Text auf jeden Fall vorkommen müssen, zumindest sinngemäß.

Übung:

Verfasse eine Reizwortgeschichte!

Reizworte: Herrlicher Wintertag – Skifahren – Anfänger – Sprungschanze – geschafft

▶ Lösung Seite 192–193

1.7 Fortsetzung eines Erzählanfangs – Erzählen nach Erzählkernen

Eine schöne Möglichkeit, in eine Geschichte einzusteigen, sind **Erzählanfänge**. Das bedeutet, dass du die Einleitung, den Höhepunkt oder den Schluss einer Erzählung vorgelegt bekommst und von da aus die Geschichte weiterentwickeln sollst. Denke an unseren kleinen Herrn mit den großen Schuhen. Du könntest zum Beispiel das Ende als Anfang einer neuen Geschichte verwenden und nun die Geschichte vom Raben und den neuen Stiefeln erzählen.

Es gibt noch viele andere **Varianten**. Du könntest zum Erzählanfang auch noch Reizwörter erhalten mit dem Auftrag, eine bestimmte Form der Geschichte zu entwickeln, zum Beispiel eine Eulenspiegelgeschichte oder eine Geräuschgeschichte – dann bekommst du besondere Geräusche vorgegeben, die in der Geschichte vorkommen sollen.

Eine besondere Form des Erzählens sind die **Geschichten nach Erzählkernen**. Ein Erzählkern berichtet ein besonderes Ereignis oder es handelt sich tatsächlich um einen Bericht aus einer Zeitung. Die Herausforderung für dich besteht darin, aus dem nüchternen Bericht eine lebendige Erzählung zu gestalten. Dafür nimmst du einen Blickwinkel ein, ordnest die Meldung einer Erzählkurve zu und achtest vor allem darauf, dass du keine Details vergisst. Der bekannte Erzählplan hilft dir dabei.
Eine Zeitungsmeldung nennt immer das Wichtigste zuerst. Dies bedeutet, dass das, was in deiner Erzählung der Höhepunkt sein wird, in der Zeitungsmeldung am Anfang steht. Deswegen musst du für deine Erzählung die Handlung umordnen und die Reihenfolge so festlegen, wie du es für die Erzählung brauchst – mit Höhepunkt und passendem Schluss am Ende.
Du kannst natürlich auch mit einem Erzählrahmen arbeiten und in diesem Fall die Hauptsache gleich am Anfang nennen, musst dann aber am Schluss deiner Erzählung auch den Erzählrahmen abschließen.

Zeitungsmeldung:

Lesetext

Wildenten auf Spaziergang in Frankfurter Innenstadt

Frankfurt. Als Taxi für Federvieh musste ein Streifenwagen herhalten. Nach Darstellung der Frankfurter Polizei hatte eine Wildente mit ihren Küken eine Frankfurter Innenstadtstraße als Boulevard für einen Spaziergang im Gänsemarsch auserkoren: „Der Fahrzeugverkehr kam hierdurch zum Erliegen." Bei Eintreffen der Streife flüchtete die Entenfamilie unter ein Auto. Ein Beamter griff sich die Entenmutter, die wild um sich hackend Widerstand leistete. Dann wurden die Küken eingesammelt und die Entenfamilie im Kofferraum des Streifenwagens zu einem Weiher transportiert.

Gedankliche Ordnung der Meldung	**Gedankliche Ordnung der Erzählung**
Streifenwagen als Taxi	Wildente mit Küken marschiert über Boulevard
Wildente mit Küken marschiert über Boulevard	Verkehr bricht zusammen
Verkehr bricht zusammen	Polizei kommt
Einfangen der Enten	Einfangen der Enten
Abtransport zum Weiher	Abtransport zu einem Weiher
Du erkennst, dass die Meldung von allgemeinen Informationen mehr und mehr zu Details übergeht.	**Die Erzählung folgt in ihrer Reihenfolge der Handlung. Du benötigst ferner noch einen Ich- oder Er-Erzähler und musst sorgfältig ausgestalten.**

Übung

Übung:

Gestalte die Zeitungsmeldung zu einer Geschichte aus!

▶ Lösung Seite 193–194

1.8 Die Parallelgeschichte

Schließlich gibt es die Möglichkeit, gute Erzähler nachzumachen und Märchen oder Sagen zu erzählen oder Parallelhandlungen zu spannenden Jugendbüchern zu entwickeln.
Hierfür benötigst du schon eine gewisse Fertigkeit im Erzählen.

Märchen

Märchen kannst du gut nachahmen, wenn du dir einige Grundprinzipien dieser Erzählform merkst. Viele Märchen, die du kennst, stammen von den Gebrüdern Grimm.
Hier ein paar kurze Informationen zu den berühmten Brüdern:

Info

Die Gebrüder Grimm: Jacob (1785–1863) und Wilhelm (1786–1859)
Jacob und Wilhelm Grimm wurden in Berlin geboren. Als sehr gute Schüler besuchten sie das Gymnasium in Kassel und studierten dann in großer finanzieller Not in Marburg Rechtswissenschaften.
Ihr eigentliches Interesse galt jedoch der deutschen Sprache und der Literatur früherer Zeiten. So sammelten sie über 40 Jahre lang im Volk

überlieferte Märchen, die sie überarbeiteten und unter dem Titel *Kinder- und Hausmärchen* herausgaben.
Später lehrten sie als Professoren an den Universitäten in Göttingen und Berlin. Sie begründeten das *Deutsche Wörterbuch*, in dem sie die Herkunft aller deutschen Wörter nachweisen wollten und das erst lange nach ihrem Tod vollendet wurde.

Lesetext

Der starke Hans

Es waren einmal ein Mann und eine Frau, die hatten nur ein einziges Kind, und lebten in einem abseits gelegenen Tale ganz allein.
Es trug sich zu, dass die Mutter einmal ins Holz ging, Tannenreiser zu lesen, und den kleinen Hans, der erst zwei Jahre alt war, mitnahm. Da es gerade in der Frühlingszeit war und das Kind seine Freude an den bunten Blumen hatte, so ging sie immer weiter mit ihm in den Wald hinein. Plötzlich sprangen aus dem Gebüsch zwei Räuber hervor, packten die Mutter und das Kind und führten sie tief in den schwarzen Wald, wo jahraus, jahrein kein Mensch hinkam.
Die arme Frau bat die Räuber inständig, sie mit ihrem Kinde freizulassen, aber das Herz der Räuber war von Stein: Sie hörten nicht auf ihr Bitten und Flehen und trieben sie mit Gewalt an weiterzugehen. Nachdem sie etwa zwei Stunden durch Stauden und Dörner sich hatten durcharbeiten müssen, kamen sie zu einem Felsen, wo eine Türe war, an welche die Räuber klopften, und die sich alsbald öffnete. Sie mussten durch einen langen dunklen Gang und kamen endlich in eine große Höhle, die von einem Feuer, das auf dem Herd brannte, erleuchtet war. An der Wand hingen Schwerter, Säbel und andere Mordgewehre, die in dem Lichte blinkten, und in der Mitte stand ein schwarzer Tisch, an dem vier andere Räuber saßen und spielten, und obenan saß der Hauptmann. Dieser kam, als er die Frau sah, herbei, redete sie an und sagte, sie sollte nur ruhig und ohne Angst sein, sie täten ihr nichts zuleid, aber sie müsste das Hauswesen besorgen, und wenn sie alles in Ordnung hielte, so sollte sie es nicht schlimm bei ihnen haben. Darauf gaben sie ihr etwas zu essen und zeigten ihr ein Bett, wo sie mit ihrem Kinde schlafen könnte.
Die Frau blieb viele Jahre bei den Räubern, und Hans ward groß und stark. Die Mutter

______ Märchen ...

erzählte ihm Geschichten und lehrte ihn in einem alten Ritterbuch, das sie in der Höhle fand, lesen.
Als Hans neun Jahre alt war, machte er sich aus einem Tannenast einen starken Knüttel und versteckte ihn hinter dem Bett. Dann ging er zu seiner Mutter und sprach: „Liebe Mutter, sage mir jetzt einmal, wer mein Vater ist, ich will und muss es wissen."
Die Mutter schwieg still und wollte es ihm nicht sagen, damit er nicht das Heimweh bekäme; sie wusste auch, dass die gottlosen Räuber den Hans doch nicht fortlassen würden; aber es hätte ihr fast das Herz zersprengt, dass Hans nicht sollte zu seinem Vater kommen.
In der Nacht, als die Räuber von ihrem Raubzug heimkehrten, holte Hans seinen Knüttel hervor, stellte sich vor den Hauptmann und sagte: „Jetzt will ich wissen, wer mein Vater ist, und wenn du mir's nicht gleich sagst, so schlag ich dich nieder."
Da lachte der Hauptmann und gab dem Hans eine Ohrfeige, dass er unter den Tisch kugelte. Hans machte sich wieder auf, schwieg und dachte: Ich will noch ein Jahr warten und es dann noch einmal versuchen, vielleicht geht's besser.
Als das Jahr herum war, holte er seinen Knüttel wieder hervor, wischte den Staub ab, betrachtete ihn und sprach: „Es ist ein tüchtiger, wackerer Knüttel."
Nachts kamen die Räuber heim, tranken Wein, einen Krug nach dem anderen, und fingen an, die Köpfe zu hängen. Da holte der Hans seinen Knüttel herbei, stellte sich wieder vor den Hauptmann und fragte ihn, wer sein Vater wäre. Der Hauptmann gab ihm abermals eine so kräftige Ohrfeige, dass Hans unter den Tisch rollte, aber es dauerte nicht lange, so war er wieder oben und schlug mit seinem Knüttel auf den Hauptmann und die Räuber, dass sie Arme und Beine nicht mehr regen konnten.
Die Mutter stand in einer Ecke und war voll Verwunderung über seine Tapferkeit und Stärke. Als Hans mit seiner Arbeit fertig war, ging er zu seiner Mutter und sagte: „Jetzt ist mir's ernst gewesen, aber jetzt muss ich auch wissen, wer mein Vater ist."
„Lieber Hans", antwortete die Mutter, „komm, wir wollen gehen und ihn suchen, bis wir ihn finden." Sie nahm dem Hauptmann den Schlüssel zu der Eingangstüre ab, und Hans holte einen großen Mehlsack, packte Gold, Silber, und was er sonst noch für schöne Sachen fand, zusammen, bis er voll war, und nahm ihn dann auf den Rücken.
Sie verließen die Höhle, aber was tat Hans die Augen auf, als er aus der Finsternis heraus in das Tageslicht kam und den grünen Wald, Blumen und Vögel und die Morgensonne am Himmel erblickte. Er stand da und staunte alles an, als wenn er nicht recht gescheit wäre. Die Mutter suchte

den Weg nach Haus, und als sie ein paar Stunden gegangen waren, so kamen sie glücklich in ihr einsames Tal und zu ihrem Häuschen.
Der Vater saß unter der Türe, er weinte vor Freude, als er seine Frau erkannte, und hörte, dass Hans sein Sohn war, die er beide längst für tot gehalten hatte. Aber Hans, obgleich erst zwölf Jahre alt, war doch einen Kopf größer als sein Vater. Sie gingen zusammen in das Stübchen, aber kaum hatte Hans seinen Sack auf die Ofenbank gesetzt, so fing das ganze Haus an zu krachen, die Bank brach ein und dann auch der Fußboden, und der schwere Sack sank in den Keller hinab.
„Gott behüte uns", rief der Vater, „was ist das? Jetzt hast du unser Häuschen zerbrochen." „Lasst Euch keine grauen Haare darüber wachsen, lieber Vater", antwortete Hans, „da in dem Sack steckt mehr, als für ein neues Haus nötig ist."
Der Vater und Hans fingen auch gleich an, ein neues Haus zu bauen, Vieh zu erhandeln und Land zu kaufen und zu wirtschaften. Hans ackerte die Felder, und wenn er hinter dem Pflug ging und ihn in die Erde hineinschob, so hatten die Stiere fast nicht nötig zu ziehen.

erzählen ...

Den nächsten Frühling sagte Hans: „Vater, behaltet alles Geld und lasst mir einen zentnerschweren Spazierstab machen, damit ich in die Fremde gehen kann."
Als der verlangte Stab fertig war, verließ er seines Vaters Haus, zog fort und kam in einen tiefen und finstern Wald. Da hörte er etwas knistern und knastern, schaute um sich und sah eine Tanne, die von unten bis oben wie ein Seil gewunden war. Und wie er die Augen in die Höhe richtete, so erblickte er einen großen Kerl, der den Baum gepackt hatte und ihn wie eine Weidenrute umdrehte. „He!", rief Hans, „was machst du da droben?" Der Kerl antwortete: „Ich habe gestern Reiswellen zusammengetragen und will mir ein Seil dazu drehen."
Das lass ich mir gefallen, dachte Hans, der hat Kräfte, und rief ihm zu: „Lass du das gut sein und komm mit mir." Der Kerl kletterte von oben herab und war einen ganzen Kopf größer als Hans, und der war doch auch nicht klein. „Du heißest jetzt Tannendreher", sagte Hans zu ihm.
Sie gingen darauf weiter und hörten etwas klopfen und hämmern, so stark, dass bei jedem Schlag der Erdboden zitterte. Bald darauf kamen sie zu einem mächtigen Felsen, vor dem stand ein Riese und schlug mit

der Faust große Stücke davon ab. Als Hans fragte, was er da vorhätte, antwortete er: „Wenn ich nachts schlafen will, so kommen Bären, Wölfe und anderes Ungeziefer der Art, die schnuppern und schnuffeln an mir herum und lassen mich nicht schlafen, da will ich mir ein Haus bauen und mich hineinlegen, damit ich Ruhe habe." Ei ja wohl, dachte Hans, den kannst du auch noch brauchen, und sprach zu ihm: „Lass das Hausbauen gut sein und geh mit mir, du sollst der Felsenklipperer heißen!" Er willigte ein, und sie strichen alle drei durch den Wald hin, und wo sie hinkamen, da wurden die wilden Tiere aufgeschreckt und liefen vor ihnen weg.

Abends kamen sie in ein altes verlassenes Schloss, stiegen hinauf und legten sich in den Saal schlafen. Am andern Morgen ging Hans hinab in den Garten, der war ganz verwildert und stand voll Dörner und Gebüsch. Und wie er so herumging, sprang ein Wildschwein auf ihn los. Er gab ihm aber mit seinem Stab einen Schlag, dass es gleich niederfiel. Dann nahm er es auf die Schulter und brachte es hinauf; da steckten sie es an einen Spieß, machten sich einen Braten zurecht und waren guter Dinge. Nun verabredeten sie, dass jeden Tag, der Reihe nach, zwei auf die Jagd gehen sollten und einer daheim bleiben und kochen, für jeden neun Pfund Fleisch.

Den ersten Tag blieb der Tannendreher daheim, und Hans und der Felsenklipperer gingen auf die Jagd. Als der Tannendreher beim Kochen beschäftigt war, kam ein kleines altes zusammengeschrumpeltes Männchen zu ihm auf das Schloss und forderte Fleisch. „Pack dich, Duckmäuser", antwortete er, „du brauchst kein Fleisch." Aber wie verwunderte sich der Tannendreher, als das kleine unscheinbare Männlein an ihm hinaufsprang und mit Fäusten so auf ihn losschlug, dass er sich nicht wehren konnte, zur Erde fiel und nach Atem schnappte. Das Männlein ging nicht eher fort, als bis es seinen Zorn völlig an ihm ausgelassen hatte.

Als die zwei andern von der Jagd heimkamen, sagte ihnen der Tannendreher nichts von dem alten Männchen und den Schlägen, die er bekommen hatte, und dachte: Wenn sie daheim bleiben, so können sie's auch einmal mit der kleinen Kratzbürste versuchen, und der bloße Gedanke machte ihm schon Vergnügen.

Den folgenden Tag blieb der Steinklipperer daheim, und dem ging es geradeso wie dem Tannendreher, er ward von dem Männlein übel zugerichtet, weil er ihm kein Fleisch hatte geben wollen.

Als die andern abends nach Haus kamen, sah es ihm der Tannendreher wohl an, was er erfahren hatte, aber beide schwiegen still und dachten: Der Hans muss auch von der Suppe kosten. Der Hans, der den nächsten

Tag daheim bleiben musste, tat seine Arbeit in der Küche, wie sich's gebührte, und als er oben stand und den Kessel abschaumte, kam das Männchen und forderte ohne weiteres ein Stück Fleisch. Da dachte Hans: Es ist ein armer Wicht, ich will ihm von meinem Anteil geben, damit die andern nicht zu kurz kommen, und reichte ihm ein Stück Fleisch. Als es der Zwerg verzehrt hatte, verlangte er nochmals Fleisch, und der gutmütige Hans gab es ihm und sagte, da wäre noch ein schönes Stück, damit sollte er zufrieden sein. Der Zwerg forderte aber zum dritten Mal. „Du wirst unverschämt", sagte Hans und gab ihm nichts. Da wollte der boshafte Zwerg an ihm hinaufspringen und ihn wie den Tannendreher und Felsenklipperer behandeln, aber er kam an den Unrechten. Hans gab ihm, ohne sich anzustrengen, ein paar Hiebe, dass er die Schlosstreppe hinabsprang. Hans wollte ihm nachlaufen, fiel aber, so lang er war, über ihn hin. Als er sich wieder aufgerichtet hatte, war ihm der Zwerg voraus. Hans eilte ihm bis in den Wald nach und sah, wie er in eine Felsenhöhle schlüpfte. Hans kehrte nun heim, hatte sich aber die Stelle gemerkt. Die beiden andern, als sie nach Haus kamen, wunderten sich, dass Hans so wohlauf war. Er erzählte ihnen, was sich zugetragen hatte, und da verschwiegen sie nicht länger, wie es ihnen ergangen war. Hans lachte und sagte: „Es ist euch ganz recht, warum seid ihr so geizig mit eurem Fleisch gewesen, aber es ist eine Schande, ihr seid so groß und habt euch von dem Zwerge Schläge geben lassen."

die Träume ...

Sie nahmen darauf Korb und Seil und gingen alle drei zu der Felsenhöhle, in welche der Zwerg geschlüpft war, und ließen den Hans mit seinem Stab im Korb hinab. Als Hans auf dem Grund angelangt war, fand er eine Türe, und als er sie öffnete, saß da eine bildschöne Jungfrau, nein, so schön, dass es nicht zu sagen ist, und neben ihr saß der Zwerg und grinste den Hans an wie eine Meerkatze. Sie aber war mit Ketten gebunden und blickte ihn so traurig an, dass Hans großes Mitleid empfand und dachte: Du musst sie aus der Gewalt des bösen Zwerges erlösen, und gab ihm einen Streich mit seinem Stab, dass er tot niedersank. Alsbald fielen die Ketten von der Jungfrau ab, und Hans war wie verzückt über ihre Schönheit.

Sie erzählte ihm, sie wäre eine Königstochter, die ein wilder Graf aus ihrer Heimat geraubt und hier in den Felsen eingesperrt hätte, weil sie nichts von ihm hätte wissen wollen: Den Zwerg aber hätte der Graf zum Wächter gesetzt, und er hätte ihr Leid und Drangsal genug angetan. Darauf setzte Hans die Jungfrau in den Korb und ließ sie hinaufziehen. Der Korb kam wieder herab, aber Hans traute den beiden Gesellen nicht und dachte: Sie haben sich schon falsch gezeigt und dir nichts von dem Zwerg gesagt, wer weiß, was sie gegen dich im Schild führen.
Da legte er seinen Stab in den Korb, und das war sein Glück, denn als der Korb halb in der Höhe war, ließen sie ihn fallen, und hätte Hans wirklich darin gesessen, so wäre es sein Tod gewesen.
Aber nun wusste er nicht, wie er sich aus der Tiefe herausarbeiten sollte, und wie er hin und her dachte, er fand keinen Rat.
„Es ist doch traurig“, sagte er, „dass du da unten verschmachten sollst.“ Und als er so auf- und abging, kam er wieder zu dem Kämmerchen, wo die Jungfrau gesessen hatte, und sah, dass der Zwerg einen Ring am Finger hatte, der glänzte und schimmerte. Da zog er ihn ab und steckte ihn an, und als er ihn am Finger umdrehte, so hörte er plötzlich etwas über seinem Kopf rauschen.
Er blickte in die Höhe und sah da Luftgeister schweben, die sagten, er wäre ihr Herr, und fragten, was sein Begehren wäre. Hans war anfangs ganz verstummt, dann aber sagte er, sie sollten ihn hinauftragen. Augenblicklich gehorchten sie, und es war nicht anders, als flöge er hinauf. Als er aber oben war, so war kein Mensch mehr zu sehen, und als er in das Schloss ging, so fand er auch dort niemand. Der Tannendreher und der Felsenklipperer waren fortgeeilt und hatten die schöne Jungfrau mitgeführt. Aber Hans drehte den Ring, da kamen die Luftgeister und sagten ihm, die zwei wären auf dem Meer.
Hans lief und lief in einem fort, bis er zu dem Meeresstrand kam, da erblickte er weit, weit auf dem Wasser ein Schiffchen, in welchem seine treulosen Gefährten saßen. Und im heftigen Zorn sprang er, ohne sich zu besinnen, mitsamt seinem Stab ins Wasser und fing an zu schwimmen, aber der zentnerschwere Stab zog ihn tief hinab, dass er fast ertrunken wäre. Da drehte er noch zu rechter Zeit den

der Menschen vom Glück.

Ring, alsbald kamen die Luftgeister und trugen ihn so schnell wie der Blitz in das Schiffchen.
Da schwang er seinen Stab und gab den bösen Gesellen den verdienten Lohn und warf sie hinab ins Wasser; dann aber ruderte er mit der schönen Jungfrau, die in den größten Ängsten gewesen war, und die er zum zweiten Male befreit hatte, heim zu ihrem Vater und ihrer Mutter und ward mit ihr verheiratet, und haben sich alle gewaltig gefreut.

Wenn du den Text sorgfältig gelesen hast, dann findest du heraus, wie er aufgebaut ist.
Das Märchen beschreibt den Weg des starken Hans zum großen Glück.
Wenn du noch etwas genauer hinsiehst, dann bemerkst du, wie der bereits glückliche Hans noch reicher wird und durch seine Ehrlichkeit und sein Mitgefühl an die Spitze der Gesellschaft aufsteigt und Prinz wird.
Dieser Weg ist ganz typisch für viele Märchen.
Märchen sind Geschichten vom Glück und den Träumen der einfachen Menschen. Auch wenn die Geschichten schon alt sind, bestehen sie fort, denn auch heute noch träumen die Menschen vom Glück, wenn auch mit anderen Inhalten.
Grausamkeiten kommen in den Märchen zwar vor, wenn Hans beispielsweise eine ganze Räuberbande umbringt, einen Zwerg erschlägt und seine beiden Gefährten ertränkt. Jedoch erscheint dies nicht als böse oder grausam, weil diese Ereignisse nicht weiter ausgestaltet werden.

Info

Merke

Der typische Aufbau eines Märchens besteht aus folgenden Schritten:

Der Märchenheld verlässt seine gewohnte Umgebung. Gründe gibt es viele: Er kann unglücklich sein, Neugierde oder Langeweile treiben ihn fort,oder er muss eine Aufgabe erfüllen.

Es gibt Gefährten, die auch aus der Welt der Tiere stammen können. Die Gefährten müssen nicht immer gut sein. Doch können sie besondere Gaben oder magische Kräfte besitzen.

Dreimal wird der Held auf die Probe gestellt. Es gibt einen bösen Gegenspieler oder mehrere Gegenspieler. Erst beim dritten Mal besiegt er das Böse.

In der Regel hilft ihm bei der dritten Probe eine gute Tat, die er bereits zuvor begangen hat, oder ein magischer Gegenstand.

Der Märchenheld erreicht immer sein Ziel und führt am Ende ein glückliches Leben.

Zusammenschau

Jetzt betrachte den Aufbau und den Inhalt dieses Märchens:

Aufbau	**Inhalt**
Die Einleitung bildet ein eigenes Märchen	Hans und seine Mutter werden von Räubern entführt. Nach neun Jahren fordert Hans den Räuberhauptmann dreimal heraus. Beim dritten Mal erschlägt er alle Räuber. Reich kehren er und seine Mutter nach Hause zurück.
Die Einleitung zum eigentlichen Märchen	Hans und seinen Eltern geht es gut. Aber Hans langweilt sich. So zieht er fort.
Der Aufbruch	Für seinen Weg benötigt er nur den schweren Prügel.
Das Treffen seiner neuen Freunde	Unterwegs trifft er zwei weitere starke Männer, den Tannendreher und den Felsenklipperer. Zu dritt wollen sie ihr Glück versuchen.
Die dreifache Bedrohung durch den gierigen Zwerg	Ein Zwerg bedroht die Freunde von Hans. Sie lassen sich von ihm verprügeln, weil sie nicht bereit sind, dem Zwerg etwas zu essen zu geben. Nur Hans wird mit dem Zwerg fertig, weil er Mitgefühl zeigt.
Das Geheimnis des Zwerges und die Befreiung der Prinzessin	Der Zwerg bewacht eine Prinzessin, die geraubt wurde, den Entführer aber nicht heiraten wollte und deshalb verbannt wurde. Die drei befreien die Prinzessin. Der Zwerg wird erschlagen.
Hans benötigt dreimal Hilfe, um zu überleben	Die Freunde lassen Hans im Stich und wollen ihn umbringen. Mit Hilfe des magischen Zwergenrings gelangt Hans aus der Höhle, holt die Freunde ein, wird aus den Fluten gerettet und erreicht schließlich die Gefährten mit der Prinzessin.
Glückliches Ende: Hans bestraft die Bösen und heiratet die Prinzessin	Hans ertränkt die untreuen Freunde und heiratet die Prinzessin.

Eine derartige Gliederung kannst du auch zu Romankapiteln schreiben, zu Eulenspiegel-, Münchhausen- oder Schildbürgergeschichten.

Es kommt immer darauf an, das Typische der jeweiligen Erzählart zu erfassen. Es gibt auch viele Abweichungen vom typischen Erzählaufbau und von der typischen Erzählweise. Die Geschichten von Eulenspiegel und Münchhausen gleichen eher längeren Berichten als Erzählungen und leben von der jeweiligen Pointe oder inhaltlichen Idee.

2. Mischformen: Schilderung und persönlicher Brief

Eine Reihe von Aufsatzformen mischen Elemente der bislang klar definierten Aufsatzformen. In einer Schilderung kommen beispielsweise Elemente der Beschreibung vor. In einem Brief findest du neben Absätzen, die nur berichten, auch erzählerische Elemente oder gar Anfänge gedanklicher Auseinandersetzungen in Form von Argumenten. Im Rahmen dieses Kapitels erläutern wir die Schilderung oder die Erzählung mit schildernden Elementen und den persönlichen Brief.

2.1 Schilderung oder Erzählung mit schildernden Elementen

Ein wichtiger Bestandteil von Erzählungen sind auch die Beschreibungen. Die Beschreibung hat zwei Seiten, eine ganz sachliche und genaue, wenn ein Gegenstand oder Vorgang genau erfasst und beschrieben wird, und eine emotionale, wenn du eine Stimmung, eine Landschaft, ein Raumgefühl, einen Eindruck vermitteln möchtest.
Beide Elemente des Beschreibens gehören auch in die Erzählung. Handelt es sich vorwiegend um ein Stimmungsbild, dann sprechen wir von einer Schilderung, das ist quasi ein mit Worten gemaltes Bild.
Gibt es eine Handlung dabei, sprechen wir von einer Erzählung mit schildernden Elementen. In dieser Erzählung hat der Handlungsverlauf Ruhepausen, in denen das Beschreiben oder Schildern vorherrscht.

2.1.1 Stimmungen

Meisterhafte Schilderungen findest du bei vielen Erzählern des 19. Jahrhunderts, wie bei Annette von Droste-Hülshoff, Conrad Ferdinand Meyer, Wilhelm Raabe und Theodor Fontane. Es lohnt sich, die Erzählungen und Novellen dieser Autoren auch unter diesem Blickwinkel einmal genauer anzusehen. Unsere folgenden Beispiele stammen von dem romantischen Dichter Joseph von Eichendorff. Alle Auszüge stammen aus seiner Novelle *Aus dem Leben eines Taugenichts*.

Jetzt musst du nicht erschrecken. Niemand erwartet von dir, dass du wie ein Romantiker schreibst. Du kannst aber am Beispiel dieses Meisters lernen.
Nach jedem Zitat steht eine kleine Anmerkung, die zeigt, wie die Stimmung zustande kommt:

Beobachtungsbereiche oder Blickwinkel: **grün**
lebendige Verben: **blau**
Adjektive und Partizipien: **rot**

Frühlingsstimmung

Lesetext

Das **Rad an meines Vaters Mühle brauste und rauschte** schon wieder recht **lustig**, der **Schnee** tröpfelte **emsig** vom Dache, die **Sperlinge zwitscherten und tummelten** sich dazwischen; **ich saß** auf der Türschwelle und wischte mir den Schlaf aus den **Augen**; mir war so recht wohl in dem warmen **Sonnenscheine** …

Der Dichter greift drei Elemente aus der Natur heraus, um das Bild hervorzubringen, am Ende lenkt er den Blick des Lesers auf den Ich-Erzähler selbst.
Er benutzt das Mittel der Aufzählung, das bedeutet, dass die Beobachtungen dicht aufeinanderfolgen. Die Wiederholung eines Verbs durch ein stimmungsähnliches Verb – „brauste und rauschte", „zwitscherten und tummelten" - verstärkt die Stimmung des Aufbruchs. Die Adjektive „lustig" und „emsig" runden das fröhliche Bild ab.

Reisen oder Fahren

Lesetext

Hinter mir gingen nun Dorf, Gärten und Kirchtürme unter, **vor mir** neue Dörfer, Schlösser und Berge auf; **unter mir** Saaten, Büsche und Wiesen **bunt vorüberfliegend**, **über mir** unzählige Lerchen in der **klaren blauen** Luft – ich schämte mich, laut zu schreien, aber innerlichst **jauchzte** ich und **strampelte** und **tanzte** auf dem Wagentritt herum, dass ich bald meine Geige verloren hätte, die ich unterm Arme hielt.

Schon merkst du, dass gutes Schildern keine Zauberei ist, denn die Mittel wiederholen sich bereits (Aufzählung, Adjektive, treffende Verben, von den äußeren Beobachtungen zum persönlichen Empfinden).
Neu ist der Blickwinkel. Das kannst du auch: Wenn du schilderst, dann schau nach vorne, nach hinten, nach oben, nach unten und schreibe auf, was du siehst.

Mittagsruhe

Lesetext

Wie aber denn die Sonne immer höher stieg, rings am Horizont schwere weiße Mittagswolken aufstiegen, und alles in der Luft und auf der weiten Fläche so leer und schwül und still wurde über den leise wogenden Kornfeldern, da fiel mir erst wieder mein Dorf ein und mein Vater und unsere Mühle, wie es da so heimlich kühl war an dem schattigen Weiher, und dass nun alles so weit, weit hinter mir lag.

Ein neues Element ist hier die Verbindung zwischen einem Bild der Natur und einem persönlichen Gedanken.

Personenbeschreibung

Lesetext

Zuerst, wie ich mich in der weiten kühlen Vorhalle umschaue, klopft mir jemand mit dem Stocke auf die Schulter. Ich kehre mich schnell um, da steht ein großer Herr in Staatskleidern, ein breites Bandelier von Gold und Seide bis an die Hüften übergehängt, mit einem oben versilberten Stabe in der Hand, und einer außerordentlich langen gebogenen kurfürstlichen Nase im Gesicht, breit und prächtig wie ein aufgeblasener Puter, der mich fragt, was ich hier will.

Personenbeschreibungen erscheinen besonders schwierig, aber du siehst, der Dichter verwendet eben die Merkmale, die du bei der Personenbeschreibung gelernt hast, aber in verkürzter Form: allgemeines Erscheinungsbild, Kleidung, Hauptmerkmal seines Gesichts und schließlich der Gesamteindruck, hier in Form eines Vergleichs.

Ruhe

Lesetext

Oder ich legte mich an schwülen Nachmittagen auf den Rücken hin, wenn alles so still war, dass man nur die Bienen sumsen hörte, und sah zu, wie über mir die Wolken nach meinem Dorfe zu flogen und die Gräser und Blumen sich hin und her bewegten.

Eine Stimmung kannst du auch gut erfassen, wenn du dir eine Grundhaltung überlegst und dann aus dieser heraus die Umgebung beschreibst. Hier liegt der Erzähler einfach auf dem Rücken und beschreibt, was er sieht und hört.

Zeichnung: Peter Thulke

Stimmungen sind so vielfältig wie das Leben. Es ist völlig unmöglich, sie alle zu erfassen, sie zu beschreiben oder gar eine Rezeptur dafür zu geben. Lies einfach noch ein Beispiel aus dem *Taugenichts* und dann die Zusammenfassung am Ende.

Morgens im Garten

Die Blumen, die Springbrunnen, die Rosenbüsche und der ganze Garten funkelten von der Morgensonne wie lauter Gold und Edelstein. Und in den hohen Buchenalleen, da war es noch so still, kühl und andächtig, wie in einer Kirche, nur die Vögel flatterten und pickten auf dem Sande.

Neu sind hier die Vergleiche: „wie lauter Gold und Edelstein“, „wie in einer Kirche“.

Merke

Die meisterhaften Beispiele verdeutlichen, dass du schildernde Elemente sehr gut in Erzählungen einbauen kannst.

Ein wesentliches Element der Schilderungen, das lehrt uns Eichendorff, besteht darin, die Natur zu beobachten und zu beschreiben. Eine gute Methode ist es auch, wenn du dir eine Grundstimmung vorstellst, dich in sie hineinversetzt und aus dieser Stimmung heraus deine Umgebung schilderst, indem du deine Sinne einsetzt und beschreibst, was du hörst, siehst und was du dabei fühlst.

Besonders gelungen wirkt ein Text, wenn die äußere Stimmung, die durch die Beschreibung der Umgebung entsteht, auch dem inneren Gefühl der beschriebenen Person entspricht.

2.1.2 Ein alter Fußballschuh erzählt

Präge dir am Beispiel des folgenden Musteraufsatzes nochmals alle wichtigen Merkmale des Erzählens ein.

Lesetext

Ein alter Fußballschuh erzählt

Ich weiß noch, wie ich im Schuhregal des Sportgeschäftes „Sport Ott" stand. Ich war nagelneu und blitzsauber, aber ich langweilte mich. „Wann kauft mich endlich jemand?", seufzte ich. Im selben Augenblick öffnete sich die Tür, und ein Junge trat herein. Er suchte nach Fußballschuhen. Er begutachtete die Schuhe im Regal und blickte zu mir herüber. „Hoffentlich nimmt er mich!", murmelte ich. Tatsächlich! Er fragte die Verkäuferin, was ich koste, bezahlte und steckte mich in eine Plastiktüte. Ich war der rechte Schuh, mein Zwillingsbruder, der linke Schuh, war leblos. Meine Noppenfüßchen drückten. Der Junge lud mich auf sein Fahrrad und flitzte mit mir nach Hause. Dann packte er seine Sporttasche, steckte mich hinein und radelte mit mir zum Sportlerheim. Der Junge hat bestimmt ein Fußballspiel!, dachte ich glücklich. Am Sportlerheim lehnte er sein Fahrrad an die Wand und trabte in die Kabine. Als er sich umgezogen hatte, erblickte ich noch viele andere Schuhe: Turnschuhe und Fußballschuhe. Jetzt schlüpfte er in mich. Er band mich und joggte mit mir zum Fußballplatz. Ich fragte einen anderen Fußballschuh: „Hast du schon mal bei einem Spiel mitgespielt?" „Na klar, schon viele Spiele habe ich bestritten", entgegnete er mir. „Aber du bist wohl neu hier?" Ich war schrecklich aufgeregt. Als die gegnerische Mannschaft gekommen war, pfiff der Schiedsrichter das Spiel an. Es war das schönste Erlebnis meines ganzen Lebens. Als dann der Junge auf das gegnerische Tor zurannte und den Ball in die Maschen setzte, freute ich mich mit über das geschossene Tor. Nach dem erfolgreichen Spiel seufzte ich: „Hoffentlich kann ich noch viele Spiele mitspielen." Ich war total verdreckt. Das machte mir nichts aus. Der Junge packte mich in seine Tasche und raste mit mir auf dem Fahrrad nach Hause. Übermütig hopste ich in der Tasche herum. Doch das sollte sich rächen. Der Reißverschluss öffnete sich und mein Zwillingsbruder plumpste heraus. Gleich danach überfuhr ihn ein Lastwagen, und er lag platt auf der Straße. Der Junge merkte nichts davon und sauste weiter. Als er dann zu Hause die Tasche auspackte und sah,

Zeichnung: Peter Thulke

dass nur noch ein Schuh in der Tasche war, rannte er wieder zum Rad und suchte den Weg ab. Bald kam er wieder, und ich hörte ihn traurig murmeln. „Verdammt, der Schuh ist platt gewalzt."
Er schmiss uns in den Keller. Und nun liegen wir hier, verdreckt und kaputt. Am Anfang war ich zwar traurig, doch als ich noch viele andere alte Schuhe erblickte, hellte sich mein schwarzes Gesicht auf, und wir erzählten uns unsere Erlebnisse.

2.1.3 Stilmittel des Erzählens

Perspektivenwechsel

Wenn du eine Ich-Erzählung schreibst, dann tust du so, als hättest du alles selbst erlebt. Bei der Er-Erzählung erzählst du, was ein anderer erlebt hat, du stehst als Erzähler außerhalb. Der Erzähler kann sich aber einschalten und kleine Kommentare über den Haupthelden einflechten.

Ich-Erzählung

Der Junge packte mich in seine Tasche und raste mit mir nach Hause. Peter hatte aber nur seine Tore im Kopf. Schlampig befestigte er die Tasche auf dem Gepäckträger und ließ den Reißverschluss halb offen. Die eine Hälfte des Turnbeutels verfing sich fast in den Speichen. Übermütig hopste ich in der Tasche herum.

Er-Erzählung

Derselbe Text als Er-Erzählung lautet so:
Der Junge packte den Turnschuh in seine Tasche und raste nach Hause. Peter hatte aber nur seine Tore im Kopf. Schlampig befestigte er die Tasche auf dem Gepäckträger und ließ den Reißverschluss halb offen. Die eine Hälfte des Turnbeutels verfing sich fast in den Speichen. Der Turnschuh flog in der Tasche umher.

Gewaltig ist der Unterschied nicht, aber du kommst leichter in die Stimmung einer Erzählung hinein, wenn du den Blickwinkel des Ich-Erzählers wählst. Du versetzt dich dabei sozusagen in die Rolle des Turnschuhs. Der Blickwinkel der Er-Erzählung baut oft einen kleinen Abstand zu den Helden der Geschichte auf und die Gefahr besteht, dass du nur berichtest.

Erzählpräsens

Du darfst beim Höhepunkt von der Vergangenheit, vom Präteritum, in die Gegenwart, ins Präsens, wechseln. Das wirkt lebendig, anschaulich und nah:
Übermütig hopste ich in der Tasche herum. Doch das sollte sich rächen. Der Reißverschluss öffnet sich und mein Zwillingsbruder plumpst heraus. Gleich danach überfährt ihn ein Lastwagen, und er liegt platt auf der Straße.

Gegensatz

Sehr anschaulich wirkt es, wenn du Gegensätze beschreiben kannst. Beide Stimmungen verstärken sich dann gegenseitig.
Müde strampelte Peter den Berg hinauf, übermütig hüpfte ich in der Tasche herum.

Steigerung

Du kannst Verben aneinanderreihen, die zu einem Ereignis führen, und damit die Wirkung deiner Beschreibung steigern.
Ich hüpfte aus der Tasche, flog auf den Asphalt, überschlug mich, rollte bergabwärts, taumelte und blieb liegen.

Adjektive und Partizipien

Anstelle von Eigenschaftswörtern (Adjektiven) kannst du auch Partizipien (Mittelwörter) verwenden: Partizip Präsens (hüpfend), Partizip Perfekt (gebrochen). Partizipien stammen vom Verb ab und wirken lebendig, weil sie noch die Bewegung des Verbs enthalten.
Hin und her hüpfend (Partizip Präsens – Verbstamm plus d) *vergnügte ich mich in der Fahrradtasche. Mit gebrochener* (Partizip Perfekt – das ist die dritte Form des Verbs, die normalerweise mit der Vorsilbe „ge" beginnt) *Sohle lag ich weinend* (Partizip Präsens) *auf der Straße.*

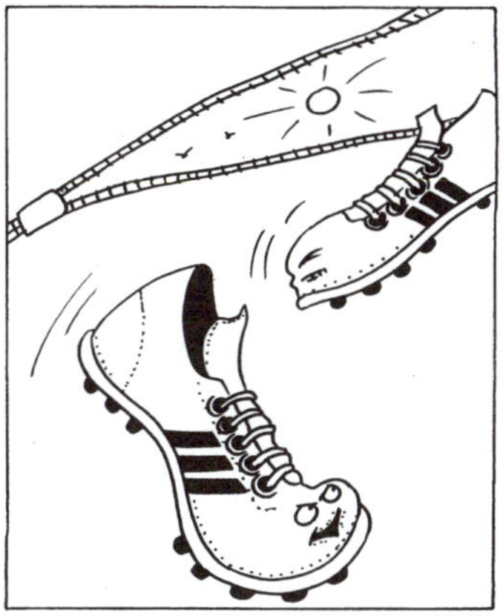

Zeichnung: Peter Thulke

Gedankenrede

Gefühle und Stimmungen der Personen in deiner Erzählung lassen sich gut in der Gedankenrede ausdrücken. Hierfür brauchst du keine Redeeinführung und auch nicht die Satzzeichen der wörtlichen Rede. Du schreibst das Gedachte in normalen Sätzen.
Was mach' ich bloß? So viele Hausaufgaben. Eigentlich wollte ich heute Uwe besuchen. Egal. Ich gehe einfach zu ihm hin. Kurz entschlossen warf er seine Schultasche in die Ecke. „Mami! Ich geh mal kurz zu Uwe", rief er, als er schon in der Haustür stand. Ohne die Antwort seiner Mutter abzuwarten, warf er die Tür zu und schlenderte fröhlich den Gehsteig entlang.

Aktiv

Schreibe im Aktiv. Das Passiv wirkt langweilig.
Passiv: *Der Schuh wurde in den Keller geworfen.*
Aktiv: *Er warf den Schuh in den Keller.*

Personifizierung

Du kannst auch unbelebte Gegenstände als Subjekt eines Satzes verwenden, das heißt, dass quasi Dinge etwas tun. Dieses Stilmittel heißt Personifizierung, denn Dinge werden beschrieben, als wären sie Personen.
Der Reißverschluss öffnete sich.
Ein Reißverschluss kann sich eigentlich nicht von selbst öffnen.
Vor mir erhob sich ein riesiges Gebäude.
Ein Gebäude kann sich eigentlich nicht erheben.

Die Personifizierung ist ein Stilmittel, das mit Gefühl eingesetzt werden muss. Es darf nicht lächerlich werden.

Verwende deine Sinne: Rieche, schmecke, sehe, fühle!

Löse eine allgemeine Angabe von Zeit oder Ort in kleine beobachtbare, fühlbare, riechbare Einzelheiten auf:
Es ist Herbst.
Besser als diese Information klingt:
Bunte Blätter rascheln am Boden. Ein kühler Wind bläst mir ins Gesicht. Ich schlage den Kragen hoch.

Er befindet sich am Meer.
Die Füße sinken in den feinen Sand, unablässig rauschen und schlagen die Wellen, Möwen kreischen, ...

Mimik und Gestik

Gefühle können durch die Beschreibung von Mimik (Gesichtsausdruck), Gestik (Bewegungen) und typischen Verhaltensweisen deutlich gemacht werden. Dabei nicht übertreiben:
Sie lächelte. Mit strahlenden Augen hüpfte sie den schmalen Pfad entlang.

Vergleiche

Setze Vergleiche ein! Das macht das, wovon du erzählst anschaulicher.
Schnell wie der Wind flog sie über den Bach.

In vielen Adjektiven sind Vergleiche versteckt. Benutze solche Wörter:
nagelneu, blitzsauber, spiegelglatt, eiskalt, glasklar, pechschwarz, ...

Wiederholung

Wenn du etwas betonen möchtest, dann wiederhole Verben und Adjektive:
Er rannte und rannte.

Du kannst dasselbe Wort wiederholen oder ein anderes Wort nehmen, das fast dieselbe Bedeutung hat.
Er rannte und flitzte.
Dreckig und verschmutzt lag der Schuh in einer dunklen Ecke.

Anschauliche Verben

Nimm anschauliche Verben und suche solche, die genau treffen, was du ausdrücken willst, die die Atmosphäre haben, die du beschreiben möchtest. So ist es jeweils etwas anderes, ob zum Beispiel jemand *geht, läuft, hastet, rennt, spaziert, flitzt* oder *saust.*
Vermeide vor allem die Häufung von Allerweltswörtern wie *gehen, sagen, sehen, ist, hat.*

Treffende Adjektive

Adjektive musst du bewusst einsetzen. Zu jedem Hauptwort oder Verb passt ein Adjektiv besonders gut.
Übermütig (Adjektiv) *hopste* (Verb) *ich in der Tasche.*
Ich lag (Verb) *platt* (Adjektiv) *auf dem schwarzen* (Adjektiv) *Asphalt* (Nomen).

Abwechslungsreiche Redeeinführungen

Wähle Redeeinführungen, die in der Stimmung zu dem passen, was in der wörtlichen Rede gesagt wird.
Traurig seufzte sie: „Eigentlich hatte ich mir etwas anderes gewünscht."

Einfache Sätze

Bilde einfache Sätze. Beginne die Sätze nicht mit „und"!
Wechsle im Satzbau ab!
Baue den einfachen Satz so aus, dass er alle Satzglieder enthält: Subjekt, Prädikat, Objekt und adverbiale Bestimmungen.

Stilübung:

Hier geht die Post ab

Verwende möglichst treffende Verben, Adverbien und Adjektive, um dieses Bild zu beschreiben. Bemühe dich auch um Abwechslung im Satzbau.

Zeichnung: Peter Thulke

▶ Lösung Seite 194

Lesetexte

Die Themen der Schilderung erinnern an die Aufgabenstellung der 5. Klasse: *Fahrt im Nebel; Heimfahrt im Gewitter; Da war ich sprachlos; Allein in der Großstadt; Verirrt; Schlüssel verloren.*

Schilderungen bieten sich aber auch bei vielen Bildergeschichten an. Hier sind einige Beispiele aus Peter Thulkes Wurmi-Geschichten:

Lesetext

Gefährlicher Flirt

Zeichnung: Peter Thulke

An einem warmen, schönen Herbsttag, an dem kein Wind wehte, keine Wolke den hellblauen Himmel verdeckte und die Sonne ungehindert auf die Erde schien, weckte mich ein Sonnenstrahl, der durch den Spalt des Spechtloches in meinem Apfelbaum hereinfiel und meinen Bauch kitzelte. Ich gähnte und nahm meinen Schirm in die Hand, den ich immer und überall mit hinnahm, seit ihn mir meine Mutter geschenkt hatte. Das war erst vor kurzem gewesen, leider haben die gierigen Hühner sie kurz danach gefressen. Ich kroch aus meinem Spechtloch, stand einige Sekunden mit geschlossenen Augen da und genoss die wohlige Wärme, dann krabbelte ich weiter auf der Suche nach einem saftigen, rotgoldenen Apfel. Ich blickte mich um und sah nach unten. Oh nein, was glotzen diese doofen Hühner denn so blöd, fragte ich mich, als ich die Hühner, die hungrig nach oben sahen, bemerkte. Mir lief ein kalter Schauer über den Rücken und ich erinnerte mich an den Tag, als diese Biester meine Mutter verspeist hatten.

Die Hühner trübten aber meine Laune nicht lange, denn ich erblickte direkt unter mir einen wunderschönen knallroten Apfel, aus dem gerade Wurmili herausschaute, die schönste Wurmdame dieses Apfelbaums! Da muss ich unbedingt hin! Sie kennt ja meinen Schirm noch nicht! Vielleicht kann ich sie damit beeindrucken, dachte ich mir, und mein Herz hüpfte ein wenig. Ich begab mich an das Ende des Astes, nahm all meinen Mut zusammen, öffnete meinen Schirm, schloss die Augen ... und sprang.

Langsam segelte ich nach unten. Herrlich, dieses Fliegen. Wurmili hatte mich bereits bemerkt. Sie blickte mich aus großen Augen abwartend an. Ich drehte einen Salto, eine Schraube und schlug noch einen doppelten Salto. Dann landete ich, wenn auch nicht gerade sanft, auf dem Ast vor Wurmilis Apfelhaus. Das Knacken bei meiner Landung ignorierte ich, denn Wurmili sah mich bewundernd an und mein Herz machte einen

Sprung. Ich schloss lässig den Schirm. „Hallo Wurmili!“, sagte ich dann cool. „Hallo Wurmi“, entgegnete sie, „wie geht's dir?“ „Mir geht's gu...“, konnte ich noch sagen, doch ich verlor den Boden unter meinen Füßen, mein Magen drehte sich um und mir wurde leicht schwindlig, denn der Ast, auf dem ich stand, knickte nach unten. „Ah! Hilfe!!!“, schrie ich. Ich wirbelte durch die Luft. Werde ich nun sterben, fragte ich mich, und mir wurde ganz mulmig im Bauch. Was würde dann mit mir passieren? Ich fing an zu zittern, fiel immer schneller und immer schneller nach unten. Ich kniff die Augen zusammen, und mir wurde schlecht. DER REGENSCHIRM!!! Ich handelte schnell. Ich hielt ihn in die Höhe und öffnete den Schirm zitternd. Der Angstschweiß lief mir noch über die Stirn, als ich nun ganz langsam nach unten segelte. Ich wagte einen Blick nach oben. Wurmili blickte mich liebevoll und bewundernd an. Mein Herz pochte wieder freudig. Ich schaute nach unten, um mich für die Landung bereitzumachen. Ich ließ fast meinen Regenschirm los, als ich mein Todesurteil sah. Starr vor Schreck starrte ich auf die beiden Hühner unter mir, die ihre Hälse verfressen nach mir reckten. Doch da wurde ich plötzlich halb zerquetscht. Vor Schreck ließ ich den Regenschirm fallen und versuchte mich umzusehen. Was ist da los, fragte ich mich ängstlich.
Ich stellte aber bald fest, dass es ein Vogel war, der mich gerade im Fallen aufgefangen hatte. Naja, Fliegen ist doch cool, dachte ich fröhlich, und genoss das Gefühl. Was danach kommt, werde ich noch früh genug erfahren!
Ich schloss die Augen und ließ alles auf mich zukommen.

Wurmi, der Windsurfer

Lesetext

Zeichnung: Peter Thulke

Es war ein wunderschöner, goldener Herbsttag: Ein leichter Wind wehte, die ersten Blätter taumelten von den Bäumen herab, Schwalben zogen in großen Schwärmen Richtung Süden, braune Pilze entfalteten

ihre prächtigen Hüte und die letzten warmen Sonnenstrahlen beleuchteten die saftig roten Äpfel, die noch am alten Apfelbaum, der Wurmis Lieblingsbaum war, hingen.
Wurmi, die rotbraune Apfelwicklerraupe, hatte seine coole Baseballkappe aufgesetzt und sich auf den Weg zu „seinem" Baum gemacht. Bepackt mit einem besonders großen Buchenblatt wollte er auf einen hoch gelegenen Ast klettern, um die letzten Sonnenstrahlen zu genießen. Das Buchenblatt sollte ihm dabei als Liegestuhl dienen. Doch zunächst krabbelte er behände den alten Apfelbaum hinauf. Am höchsten Ast, genau über einem herrlich roten Apfel, stellte er seinen Liegestuhl auf, pflanzte sein Hinterteil mit einem leichten Plumps darauf und genoss die Aussicht. Er blickte über Wiesen und Täler, Berge und Dörfer und fing an zu träumen. In seinem Traum sah er sich, wie er anmutig über die Wiesen und Täler, Berge und Dörfer hinüberschwebte. Er schwebte, er badete im Wind, er sauste nur so dahin.
Genau in diesem Augenblick passierte das Unglaubliche: Ein Windstoß riss ihn aus seinen Träumen, denn das Blatt wurde hochgewirbelt und Wurmi hatte Mühe, sich aufrecht zu halten. Wie ein Wellenreiter stand er fest auf dem Blatt und versuchte, die Balance zu halten.
Doch er fühlte sich ganz anders als in seinem Traum. Ihm wurde schwindelig und er merkte, wie er schnell und immer schneller auf den Boden zuraste. Schon wollte er sich ganz klein zusammenkrümmen, denn er sah mit Entsetzen sein Ende als eine auf der Erde zerschmetterte Raupe vor sich und schrie verzweifelt: „Hilfe!!!" Er erwartete den Aufprall. Doch da! Sein Liegestuhl-Buchenblatt glitt wie von Zauberhand wieder in Richtung Himmel. Jetzt grinste Wurmi, denn er hatte den Bogen raus.
Lässig verlagerte er sein Gewicht je nach Windstoß mal nach links oder rechts. So wurde er schneller und wieder langsamer und flog über Täler, Wiesen, Dörfer und Berge, um schließlich sanft wieder auf dem ausladenden Ast des Apfelbaums zu landen. Dort ließ er sein Surfblatt fallen, kroch zu dem riesengroßen prächtigen Apfel hinab, biss genüsslich hinein, bohrte sich tiefer und baute sich ein wunderbares Nachtquartier. Vor dem Einschlafen dachte er: Morgen probiere ich das Wellenreiten auf dem Gartenteich aus.

2.2 Der persönliche Brief

Briefe können ganz unterschiedliche Formen haben. Es gibt den persönlichen Brief, den du an Freunde und Bekannte schickst. Im Mittelpunkt dieses Briefes steht ein kleines Erlebnis oder ein Bericht, manchmal auch ein persönliches Anliegen oder alles zusammen.
Eher formale Briefe schickst du zum Beispiel an eine Behörde. Für den formalen Brief gelten besondere Regeln, die im Kapitel Bericht erklärt werden.
Der persönliche Brief gehört hauptsächlich zum Bereich Erzählen.
Vielleicht gibt es den persönlichen Brief bald gar nicht mehr, denn alle Welt schreibt E-Mails. Beim Lesen von E-Mails stehen allerdings vielen Lehrern förmlich die Haare zu Berge. In den E-Mails kommt es zur endgültigen individuellen Rechtschreibreform. Viele schreiben einfach alles klein. Rechtschreibung ist eigentlich egal, solange die Botschaft rüberkommt. Von den Short Messages (SMS) haben sich auch eine Reihe von Kürzeln in den normalen Schriftverkehr eingebürgert, die für eine fast stichpunktartig schnelle Kommunikation sorgen: lg oder mfg – das versteht doch jeder. Aber immerhin: Schreiben ist wieder salonfähig geworden.
Neben der E-Mail, der elektronischen Botschaft, dem elektronischen Brief, hat der persönliche Brief wieder an Bedeutung gewonnen und stellt mittlerweile eine Besonderheit dar. Mit einem schönen Brief kannst du guten Freunden, deinen Eltern und Bekannten bei Gelegenheit eine große Freude machen, auch steht nicht überall ein Computer zur Verfügung. Wer seinen Briefpartner sehr schätzt und ihm auch etwas zu sagen hat, gibt sich bei E-Mails ebenso viel Mühe wie bei dem persönlichen Brief.
„Persönlich" bedeutet zunächst, dass der Briefschreiber die Form und den Aufbau für seinen Brief wählen kann. Beim persönlichen Brief als schulische Aufsatzform gibt es hierfür selbstverständlich Grenzen. Zunächst gilt es, eine gewisse äußere Form sowohl beim Brief selbst als auch beim Schreiben des Briefumschlags einzuhalten.

2.2.1 Die äußere Form des Briefumschlags

Wenn du ein DIN-A4-Blatt zweimal faltest, hast du die Größe des Briefumschlags. Nach dem ersten Falten entsteht DIN A5 (kleines Heft), nach dem zweiten Falten DIN A6 (Postkartengröße). Nimm einen Briefumschlag oder eben das auf DIN A6 gefaltete Blatt und falte ihn oder es noch zweimal. Falte den Briefumschlag/das gefaltete Blatt danach wieder auf. Er/es ist durch die Faltung viergeteilt. Damit hast du die Orientierung für die drei Hauptelemente des Umschlags. Ins linke obere Kästchen gehört der Absender, ins rechte obere Kästchen die Briefmarke. In das rechte untere Kästchen schreibst du die Adresse, wobei die Anrede noch im rechten oberen Kästchen stehen kann. Schon das Äußere eines Briefes gilt als Visitenkarte. Deshalb solltest du die Gestaltung so lange ausprobieren, bis sie in deiner Handschrift gut aussieht.

Fritz Fröhlich *Luitpoldstraße 44* *96047 Bamberg*	Briefmarke *Frau*
	Bettina Nebel *Luisenstraße 77* *96057 Bamberg*

Für eine Auslandssendung schreibst du den Namen des Landes unter den Bestimmungsort. Auch beides zusammen ist möglich.
Zum Beispiel: *D-96057 Bamberg*
Deutschland

2.2.2 Die Gestaltung des Briefbogens und der inhaltliche Aufbau des Briefes

Für die Gestaltung deines Briefbogens gibt es ebenfalls ein paar Grundregeln. Beim persönlichen Brief ist es nicht unbedingt erforderlich, die Adresse des Empfängers hinzuzuschreiben, aber es schadet auch nichts, wenn du sie hinzufügst. Wichtig bleiben dein Absender, das Datum und eine gewisse äußere Einteilung des Briefes. Anrede und Grußformel sollten etwas abgesetzt sein. Den inhaltlichen Aufbau des Briefes kennzeichnest du durch Absätze oder Leerzeilen.
Falls dein Lehrer eine bestimmte Form vorschreibt, musst du dich daran halten. In diesem Kapitel behandeln wir nur den persönlichen Brief.

Merke

Der Briefkopf
Bei jedem Brief spielt die äußere Form eine wichtige Rolle. Ein guter Brief sollte auch ansprechend gestaltet sein. Der Briefkopf kann ganz unterschiedlich aussehen.
In der Regel wird im Unterricht eine Form vorgegeben. Er enthält mindestens die folgenden Informationen

Absender: Ort, Tag – Monat – Jahr
Vorname Nachname
Straße Hausnummer
Postleitzahl Ort
Vorwahl/Telefonnummer

Empfänger:
Vorname Name
Straße Hausnummer
Postleitzahl Ort

Im privaten Brief ist dieser Kopf nicht unbedingt nötig. Du kannst auch deinen Absender unter den Empfänger schreiben!

Bevor du den Text deines Briefes beginnst, lässt du drei Zeilen frei.

Anrede
Sie hängt davon ab, wie gut du die Person kennst, der du schreibst. Bei Verwandten und Freunden schreibst du einfach zum Beispiel: „Liebe Mama, lieber Papa“, „Liebe Tante Berta“ oder an einen Freund „Lieber Thomas“. Schreibst du an jemanden, den du nicht persönlich kennst, wählst du die Anrede „Sehr geehrter Herr Maier“ oder „Sehr geehrte Frau Maier“.

Grund für den Brief
Jeder Brief hat einen Anlass. Gehe also auf deinen Empfänger ein und nenne ihm dann das Anliegen deines Briefes. Insgesamt führst du zum Hauptteil hin. Vermeide dabei Floskeln und schreibe nicht zu knapp.

Nach dem Einleitungsteil (Anrede und Grund für den Brief) lässt du wieder eine Zeile frei.

Info

Der Hauptteil
Du informierst, berichtest, erzählst, appellierst.

Berichten bedeutet, dass du nüchtern ein Erlebnis darstellst. Die Informationen erfolgen sachlich und genau. Dabei kommt es auf eine sinnvolle Reihenfolge an.
Die Regeln des Erzählens kennst du von der Erlebniserzählung.
In einem Brief kommt es nicht so sehr auf den strengen Aufbau an, sondern darauf, dass du frei erzählst.
Appellieren bedeutet, dass du den Empfänger für ein Anliegen gewinnen möchtest, ihn um etwas bittest. Dies geschieht durch Argumente, du willst also überzeugen, du argumentierst.
Der Hauptteil nimmt den größten Raum in deinem Brief ein.
Der persönliche Brief ist hauptsächlich ein Erzählbrief.

Vor dem Schlussteil lässt du wieder eine Zeile frei.

Schluss
Du gehst wieder auf den Empfänger ein.
Du kannst um eine Antwort bitten.
Ein guter Schluss regt den Empfänger an, dir auch schnell zu antworten.

Vor der Grußformel lässt du wieder eine Zeile frei.

Grußformel
Für den Schluss gilt, was auch für den Anfang gilt. Die Grußformel hängt von deiner Beziehung zu dem Empfänger ab.
Allgemein schreibst du: Herzliche Grüße
Etwas formaler klingt: Mit freundlichen Grüßen

Handschriftliche Unterschrift
Persönlich heißt es einfach: dein Fritz Schwarz

Postskriptum
Hast du etwas vergessen, kannst du noch ein Postskriptum, einen Nachsatz, anhängen:
PS: Danke für deinen letzen Brief. Auch mein Freund Klaus lässt herzlich grüßen.

Beispiele für Briefthemen

Schreibe einen Brief nach den besprochenen Regeln.
Wähle eines der folgenden Themen.
Achte auf eine sorgfältige äußere Form und auch darauf, dass dein Brief nicht zu kurz ausfällt.

1. Schreibe deinen Großeltern einen persönlichen Brief, in dem du ihnen mitteilst, wie du die Kurzferien über Fasching verbracht hast. Greife dabei ein besonders schönes Erlebnis heraus.
2. Schreibe deinem Freund/deiner Freundin einen persönlichen Brief. Er/sie liegt mit einem gebrochenen Bein im Krankenhaus und konnte deshalb nicht zu deiner Geburtstagsfeier kommen.
3. Deine Eltern haben dir erlaubt, deine Brieffreundin/deinen Brieffreund in den Sommerferien für eine Woche einzuladen. Schreibe ihr/ihm einen persönlichen Brief, in dem du die Einladung aussprichst und erzählst, was du schon alles für diese Zeit geplant hast.
4. Verfasse einen Brief an einen Freund/eine Freundin, in dem du ihn/sie einlädst, gemeinsam mit dir und deiner Familie den nächsten Sommerurlaub zu verbringen. Bedenke dabei, dass es für den Freund/die Freundin und auch für deine Familie verschiedene Schwierigkeiten zu überwinden gilt. Trotzdem soll dein Brief nicht nur von Problemen handeln, sondern er soll deinen Briefpartner ermutigen, deine Einladung anzunehmen.

Achte auf eine sorgfältige äußere Form. Plane vorab, was du schreiben möchtest, damit dein Brief nicht zu dürftig ausfällt.

Beispiel: Suche Brieffreund

In einer Zeitung steht eine Anzeige:

> Andreas Rieder (10), Tannenstr. 10, 85579 Neubiberg, sucht Brieffreund oder Brieffreundin.
> Hobbys: Geräteturnen, Tischtennis, Fußball. Ich habe zwei Vögel und seit neuestem einen Computer.
> Wer schreibt mir?

Übung:

Antworte auf diese Anzeige, die du in der Jugendzeitschrift DIDDL gefunden hast!
Erstelle, bevor du mit dem Schreiben anfängst, einen kurzen Schreibplan für deinen Brief!

▶ Lösung Seite 195–196

2.2.3 Der Brief sachlichen Inhalts zum Vergleich

Der folgende Brief gehört eher schon in den Bereich des Argumentierens. Aber lies ihn, damit dir der Unterschied deutlich wird.
Beim sachlichen Brief kommt noch die Betreffzeile hinzu.

Brief mit sachlichem Inhalt:

Lesetext

Klasse 6f — Bamberg, den 15.05.2006
Clavius Gymnasium Bamberg
Kapuziner Straße 29
86029 Bamberg

An die
Stadt Bamberg
Schulverwaltungsamt
zu Händen von Herrn N. N.
Maxplatz 1

86029 Bamberg

Nicht regulierbare Heizung im Klassenraum D16,
Domschule,
Obere Karolinenstraße

Sehr geehrter Herr N. N.,

seit Beginn des Schuljahres 2005/06 haben wir Unterricht in der Domschule. Die Räume sind dort zwar sehr schön und groß. Lehrer und Schüler klagen jedoch über die unregulierbare Heizung.

Zunächst möchten wir Ihnen den Zustand beschreiben:
Im Winter läuft die Heizung ununterbrochen. Sie überheizt das Klassenzimmer derartig, dass ständig die Fenster geöffnet werden müssen. Dabei kühlt das Klassenzimmer wiederum aus. Wenn das Fenster geöffnet ist, stört der Verkehrslärm der stark befahrenen Oberen Karolinenstraße.

Sie haben sicherlich Verständnis dafür, dass dieser Zustand unerträglich ist.

Die unregulierbare Heizung beeinträchtigt die Konzentration. Die überhitzte Luft macht müde und träge. Nach zwei Stunden Unterricht kämpfen manche Schüler mit dem Schlaf.

Auch wenn das Fenster geöffnet wird, nützt es nicht viel, denn der Lärm der Autos, die über das Kopfsteinpflaster rollen, ist so groß, dass man kaum das eigene Wort versteht.

Ferner wird die Gesundheit beeinträchtigt. Der ständige Temperaturwechsel führt im Winter dazu, dass sich viele Schüler ohne Not erkälten. Letzten Winter gab es kaum einen Tag, an dem nicht zwei oder drei Schüler fehlten.

Wir hoffen, dass Sie unser Anliegen verstehen können.
Am besten kommen Sie einmal selbst in die Schule, um sich von der Situation im Klassenraum zu überzeugen.

Wenn es nach uns ginge, sollte im Klassenzimmer eine Möglichkeit geschaffen werden, die es ermöglicht, die Heizung von Hand aus zu regulieren.

Schon jetzt möchten wir uns für Ihr Verständnis und Ihre Bemühungen bedanken.

Mit freundlichen Grüßen

Ihre
Klasse 6 f

Info

Merke

Die Schreibweise der Anredepronomen und der besitzanzeigenden Fürwörter
Freunde und Bekannt duzt du. Fremde Personen sprichst du höflich mit „Sie" an.
Diesen Unterschied wahrst du auch im Brief.
Die Regel heißt, dass du alle vertrauten Personen mit „du/Du" und den entsprechenden Formen ansprichst und alle fremden Personen mit „Sie".
Alle Höflichkeitsanreden schreibst du groß, alle vertrauten Anreden kannst du klein *oder* groß schreiben.
Diese Regel gilt auch für alle besitzanzeigenden Fürwörter (Possessivpronomen).

Die Höflichkeitsanrede
Ich danke **Ihnen** für die freundliche Einladung.
Könnten **Sie** mich heute einmal anrufen?
Wenn **Sie** uns alle besuchen wollen, dann zeigen wir **Ihnen** auch die schönsten Stücke unserer Ausstellung.

Die vertraute Anrede (Personalpronomen)
Ich danke **dir/Dir** für die freundliche Einladung.
Kannst **du/Du** mich heute einmal anrufen?
Wenn **ihr/Ihr** uns alle besuchen wollt, dann zeigen wir **euch/Euch** die schönsten Stücke unserer Ausstellung.

Du sprichst in allen Fällen eine dir gegenüberstehende Person oder dir gegenüberstehende Personen an. Das Personalpronomen ersetzt dabei den Namen der angesprochenen Person oder der angesprochenen Personen.

Die Possessivpronomen
Für die besitzanzeigenden Fürwörter gilt diese Regel ebenfalls. Possessivpronomen zeigen, wem etwas gehört.
Im Unterschied zum Personalpronomen steht nach einem Possessivpronomen immer ein Nomen. Wir haben das Bezugsnomen in den Beispielen auch fett gedruckt, damit dieser Zusammenhang deutlich wird.

Die Singularformen: die Formen in der Einzahl
Hallo, **dein/Dein Buch** hat mir wirklich gefallen. (1. Fall: Nominativform)
Du musst dir wegen **deiner/Deiner** letzten **Verspätung** keine Gedanken machen. (2. Fall: Genitivform)
Mit **deinem/Deinem** alten **Auto** kann man ja wirklich nicht pünktlich sein. (3. Fall: Dativform)
Wenn du auf **deine/Deine Uhr** schaust, siehst du auch noch die falsche Zeit. (4. Fall: Akkusativform)

Die Pluralformen: die Formen in der Mehrzahl
Wenn ihr/Ihr das nächste Mal kommt und **eure/Eure Kinder** mitbringt, dann macht euch/Euch wegen **eurer/Eurer** ständigen **Verspätung** keine Gedanken, schaut nicht auf **eure/Eure Uhr**, denn die geht ja sowieso falsch. Mit **euren/Euren Kindern** seid ihr/Ihr immer willkommen. Wir freuen uns aber auf **eure/Eure** schönen **Geschenke.**

Vergleiche nun die vertrauten Formen mit den Höflichkeitsformen des Possessivpronomens:

Hallo, **Ihr Buch** hat mir wirklich gefallen. Sie müssen sich wegen **Ihrer** letzten **Verspätung** keine Gedanken machen. Mit **Ihrem Oldtimer** kann man ja wirklich nicht pünktlich sein. Wenn Sie auf **Ihre Uhr** schauen, sehen Sie ja auch noch die falsche Zeit.

Wenn Sie das nächste Mal kommen und **Ihre Kinder** mitbringen, dann machen Sie sich wegen **Ihrer** ständigen **Verspätung** keine Gedanken. Schauen Sie nicht auf **Ihre Uhr**, denn die geht ja sowieso falsch. Mit **Ihren Kindern** sind Sie immer willkommen. Wir freuen uns auf **Ihre** schönen **Geschenke**.

In der Höflichkeitsform schreibst du die Anredepronomen und die besitzanzeigenden Pronomen (Possessivpronomen) groß. Im persönlichen Brief kannst du zwischen Groß- und Kleinschreibung wählen (du/Du, dein/Dein, ihr/Ihr, euch/Euch, ...), du musst dich innerhalb eines Briefes allerdings für eine Schreibweise entscheiden!

3. Beschreiben

3.1 Einführung

Mit einer schlechten Beschreibung kannst du Menschen handfest ärgern, in die Irre führen und zur Verzweiflung treiben. Hast du schon einmal deinen Vater oder deine Mutter fluchen hören, als sie versuchten, einen Bausatz eines Möbelstücks nach Anleitung zusammenzusetzen? Abgesehen davon, dass meistens die letzte Schraube fehlt, finden sich großformatige Anleitungen, die offenkundig ein Computer aus dem Chinesischen übersetzt hat, oder Zeichnungen, die an ägyptische Hieroglyphen erinnern. Wenn ihr euren Eltern die Lehrer oder Lehrerinnen eurer Schule beschreibt, ergeben sich oft recht seltsame Gestalten, die in der Regel steinalt ihr lustloses Dasein fristen. Am Elternsprechtag entpuppen sich diese Gestalten dann als ganz normale freundliche Menschen, die häufig um Jahrzehnte jünger sind, als eure Worte erahnen ließen.
Oft kann man sich unter einem beschriebenen Gegenstand erst etwas vorstellen, wenn man ein Foto davon gesehen hat.
Wegbeschreibungen führen oft geradewegs in die Hölle. Als ich einmal in einer kleinen französischen Stadt nach der Wegbeschreibung des Vermieters meine Unterkunft suchte, landete ich mit meinem Auto auf Treppenstufen, die zur Fußgängerzone der Stadt führten. Nur unter großem Risiko, rauchenden Reifen und stark riechender Kupplung konnte ich von der ersten Stufe wieder hochkommen, die das Auto schon hinuntergefahren war. Du siehst also: Gute Beschreibungen können helfen, viel Ärger zu ersparen.
Beschreibungen haben nicht den poetischen Reiz von Erzählungen. Sie sind aber für das Leben fast genauso wichtig, denn gute Beschreibungen helfen, Vorgänge zu verstehen, Personen zu erkennen und Wege zu finden. In der Schule solltest du auch in der Lage sein, einfache Experimente in Chemie, Physik und Biologie zu beschreiben. Schließlich trägt gutes Beschreiben wiederum auch zum guten Erzählen bei.
In diesem Kapitel lernst du etwas über die Vorgangsbeschreibung, die Gegenstands-, die Weg- und die Personenbeschreibung.

3.2 Die Vorgangsbeschreibung

Imke Staats, Buchillustratorin aus Berlin, zeigt euch in den folgenden Beschreibungen, wie man ein kleines Arbeitsheft bindet und wie ein richtiges Buch hergestellt wird.

Lesetext

Wie du dir ein Heft binden kannst
Zuerst zeige ich euch jetzt die **Heft-, Faden- oder Rückstichbindung**. Die kannst du selber machen. Dafür brauchst du: Papier, eine große Nähnadel (Stopfnadel), festen Faden, zum Beispiel Zwirn. Eventuell noch Karton für die Außenseite des Heftes – und einen Stift.

Und so geht es:
Die Papierbögen mittig falten und ineinanderstecken. Für die Außenseite kannst du einen festeren Karton verwenden.

Du kannst die Seiten durchnummerieren.

Jetzt nimmst du die Nadel, fädelst das Garn ein und machst einen Knoten am Ende. Allerdings sollte noch ein Stück Faden nach dem Knoten übrig bleiben.

Jetzt stichst du von der Heftinnenseite mittig zur Außenseite durch die Seiten.

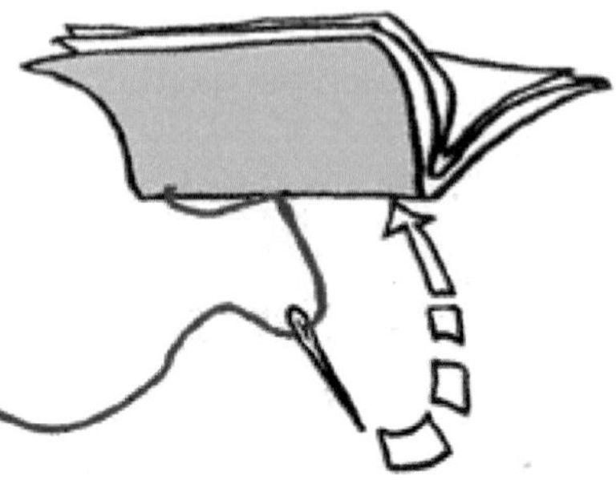

Dann stichst du von außen wieder nach innen, etwa 3–5 cm neben der Stelle, an der die Nadel herausgekommen ist, und dann wieder durch die innere Mitte nach außen.
Das Gleiche machst du jetzt auf der anderen Seite. Die Naht verläuft in Form einer liegenden Acht (∞). Wenn du wieder in der Heftmitte angekommen bist, verknotest du den restlichen Faden mit dem Ende, das in der Mitte heraushängt.

Zeichnungen: Imke Staats

Das Heft ist fertig!
Wenn du gleich nochmal eines machen möchtest, kannst du ja ein anderes Format oder ein andersfarbiges Papier ausprobieren.

Kommentar:
Das ist eine prima Beschreibung, weil du sofort das Gefühl hast, dass du dieses Heft ohne größere Probleme selbst zusammenbasteln kannst. Die sehr genauen Zeichnungen tragen sehr viel dazu bei, dass man die einzelnen Arbeitsschritte gut versteht. Zeichnungen und Text

zu kombinieren, ist für eine Vorgangsbeschreibung ideal, aber häufig muss auch der Text genügen.

Betrachten wir den Aufbau. Zunächst ist die Beschreibung in einen Zusammenhang eingebettet. Sie stammt aus einem Kapitel eines Internet-Literaturmagazins für Kinder, *Rossipotti*. Dort erzählt Imke Staats von ihren Erlebnissen auf der Leipziger Buchmesse. Unter anderem gab es dort auch einen Stand für Buchbinder und dort hat sie sich informiert.

Info

Merke

Alle Beschreibungen haben einen Rahmen. In der Schule bindest du sie normalerweise in einen Brief ein, der persönlich oder eher formal sein kann. Eine andere Möglichkeit wäre ein Bericht für die Schülerzeitung. Aus dem gewählten Rahmen ergibt sich, an wen du die Beschreibung schickst und weshalb du sie schreibst. Selbst bei Gebrauchsanleitungen findest du häufig einen freundlichen Satz wie: „Sehr geehrter Kunde, wir freuen uns, dass Sie unser … gekauft haben und wünschen Ihnen viel Spaß mit …" Von dem Angesprochenen hängt ab, ob du ein persönliches „du" oder das höfliche „Sie" verwendest oder ob du eine unpersönliche Form mit „man" nimmst.

3.2.1 Aufbau einer Beschreibung – Strukturmerkmale

Bei allen Arten von Vorgangsbeschreibungen gehst du auf dieselbe Weise vor. Zu den Vorgangsbeschreibungen gehören neben Bastel- oder Bauanleitungen auch Kochrezepte, auf die wir hier nicht eigens eingehen.

Die weiteren Strukturmerkmale sind einfach:

Gliederung

A. **Einleitend** gehst du auf deinen Gesprächspartner oder gedachten Partner ein.

B. **Der eigentliche Vorgang**: Herstellung eines Heftes

   I. **Vorbereitung**: Beschreibe alle Gegenstände, die du zur Herstellung oder zur Anfertigung deines Produktes brauchst; in unserem Beispiel waren das: Papier, eine große Nähnadel (Stopfnadel), festen Faden wie Zwirn, eventuell noch Karton für die Außenseite, einen Stift.

   II. **Die Herstellung des Heftes in den einzelnen Arbeitsschritten**

      1. Papierbögen falten, ineinanderstecken
      2. Seiten nummerieren
      3. Bindung anlegen
         a) Nadel einfädeln
         b) Loch stechen
         c) Nadelführung
         d) Verknoten

   III. **Das fertige Produkt beschreiben**

C. **Tipps**

Diese Gliederung mag übertrieben fein erscheinen, doch zeigt sie die wesentliche Denkstruktur, die hinter einer guten Vorgangsbeschreibung steckt. Eher allgemein ist die Einleitung, in der du schreibst, für wen die Beschreibung sein soll. Im Hauptteil beschreibst du den Vorgang in drei Hauptschritten: So nennst du, was du zur Vorbereitung brauchst. Schließlich zeigst du ganz genau, welche Schritte aufeinanderfolgen. Am Ende beschreibst du das fertige Produkt.

Du rundest die Beschreibung mit einer persönlichen Bemerkung ab, die wieder etwas mit deiner Einleitung zu tun hat.

Eine derart ausgefeilte Gliederung wird in der Regel nicht verlangt, doch solltest du dir einen Arbeitsplan anlegen.

Die folgende Beschreibung von Imke Staats dient hauptsächlich der Information. Hier geht es eher um das Verstehen als um das Nachmachen. Wenn du dir nun vorstellen kannst, wie ein Buch gebunden wird, dann hast du die Beschreibung gut verstanden.

Lesetext

Leimbindung oder Klebebindung
Diese Bindung ist etwas für Profis. So werden die Bücher gemacht, die bei euch im Regal stehen.
Bei dieser Methode werden die Papierbögen nicht geknickt. Sie werden mit einer Rüttelmaschine „auf Kante“ gebracht. Die aufeinandergelegten Blätter nennt man dann „Buchblock“. Zuerst wird er gerade geschnitten.

Für die weitere Bearbeitung wird der Buchblock in einer Art Schraubstock eingeklemmt und dann an der Seite, an der die Blätter zusammengehalten werden sollen, dem Buchrücken, angefräst und aufgefächert.

Das wird gemacht, damit der Leim, der jetzt aufgetragen wird, besser zwischen die einzelnen Seiten kommt.
Auf die leimbestrichene Seite wird dann ein Streifen Gaze (ein Textilgewebe, das wie eine Mullbinde aussieht) aufgelegt. Die oben und unten überstehenden Enden werden abgeschnitten.
Dann trocknet der Leim.

Der Buchrücken wird aber noch weiterbearbeitet. Damit er später stabil und beweglich ist, macht der Buchbinder die sogenannte „Hülse“: Über die Gaze wird ein Streifen so genanntes „Natron-Kraftpapier“ gelegt. Wie der Name schon sagt, ist das Natron-Kraft-Papier ein sehr stabiles Papier. Es hat eine braune Farbe, weil darin viel braunfärbendes Natron enthalten ist.

Dieses Papier muss nun ein bisschen größer geschnitten werden, als der Buchrücken des Blockes ist. Pro Seite sind es 2 bis 2,5 mm mehr. Das sind die Stellen, an denen der Buchdeckel auf- und zugeklappt wird. Durch das Papier funktioniert das jetzt ähnlich wie bei Gelenken. Bei besonderen Büchern wird manchmal noch ein Stückchen farbiges Textil unter das Natron-Kraft-Papier geklebt. Das guckt dann an der Ober- und Unterkante des Buchs heraus und heißt „Kapitalband“. Es ist nur zur Zierde da.

Das Buch ist aber noch nicht fertig. Es fehlen ja noch die beiden Buchdeckel. Einer für die Vorder- und einer für die Rückseite. Dazu wird ein Karton auf die Länge und Breite des Buchblocks und des Rückens zugeschnitten und aufgeklebt.
Jetzt fehlt nur noch der Einband oder der Bezug. Er kann aus Leder, Kunstleder, Pergament oder Textil sein.

Das jeweilige Bezugsmaterial wird etwas größer ausgeschnitten, als die Buchdeckel sind, denn es wird an der Innenseite der Buchdeckel eingeschlagen. Damit es schöner aussieht und auch stabiler ist, wird darüber nochmals eine Lage Papier geklebt.

Ihr wisst jetzt also, dass ein Buch aus vielen Schichten besteht – vielleicht sind es sogar noch mehr, und ich habe eine davon vergessen.

Text und Zeichnungen von Imke Staats

3.2.2 Sprache und Stil

Bei allen Formen der Beschreibung gilt es, sich vorab fachkundig zu machen. Auf allen Gebieten gibt es eine Fachsprache, die für einen klaren und unmissverständlichen Ausdruck sorgt. Dieses Fachvokabular musst du einbringen, und wenn es kompliziert ist, dann musst du die Fachbegriffe erklären. Du weißt ja zum Beispiel, dass man Messer und Gabel zum Essen benutzt. Wenn du aus einem Kulturkreis kämst, in dem du diese Wörter nicht kennst, dann müsstest du diese Gegenstände erst beschreiben und dann den Fachbegriff nennen. Versuch es einmal, das ist gar nicht so einfach.

Übung:
Suche alle Fachbegriffe heraus, die im zweiten Text von Imke Staats vorkommen, oder unterstreiche sie im Text.
► Lösung Seite 196

Die treffenden Fachausdrücke für deine Vorgangsbeschreibung zu finden, ist nicht immer leicht. Aber du kannst immer eine Fachfrau oder einen Fachmann befragen, deine Lehrerin oder deinen Lehrer, du kannst in einem Fachbuch oder Lexikon nachschlagen oder im Internet suchen.
Der genaue Ausdruck, der richtige Begriff, die stimmige Erklärung sind schon die halbe Beschreibung. Du lernst dabei viele neue Wörter, die deine Sprache eindeutig und unmissverständlich klingen lassen. Eine klare und genaue Sprache hebt auch die Qualität deines Ausdrucks in der Erzählung.

Info

Merke

Wenn du einen Vorgang beschreibst, dann erkundige dich genau nach den Fachbegriffen, die du benötigst. Schlage jedes Wort nach, dessen Bedeutung du nicht sicher weißt. Diese mühevolle Arbeit heißt „recherchieren". In diesem französischem Wort steckt die Bedeutung: untersuchen, nachforschen.

Lege dir eine Arbeitsskizze nach folgendem Raster an:

A. **Einleitung:** Wen möchte ich ansprechen? Warum beschreibe ich den Vorgang?
B. **Der eigentliche Vorgang**: Was genau möchte ich beschreiben? Hier steht in der Regel das Thema.
   I. **Vorbereitung:** Beschreibe alle Gegenstände, die du zur Herstellung oder zur Anfertigung deines Produkts brauchst.
   II. **Der eigentliche Vorgang**
      1. Überlege erst, wie viele Schritte du zur Beschreibung brauchst, bis die Sache vollendet ist.
      2. Diese Einteilung muss mindestens zwei Schritte haben (1. und 2.), besser aber natürlich mehr. Denn je genauer du bist, desto verständlicher wird deine Beschreibung.
         a) Gegebenenfalls sind auch noch Unterpunkte nötig. Es müssen aber immer mindestens zwei Unterpunkte sein: a) und b).
   III. **Ergebnis:** Das fertige Produkt beschreiben.
C. **Schluss**: Tipps für den Leser; der Schluss soll wieder einen Bogen zur Einleitung schlagen.

3.2.3 Spielanleitungen und Kochrezepte

Zur Vorgangsbeschreibung gehören auch Spielanleitungen und Kochrezepte. Du kannst das Prinzip von Seite 118 auf diese Aufgabe übertragen.

Hier zwei Beispiele, die zeigen, dass die Vorgehensweise dieselbe ist – auch wenn es sich um die Beschreibung eines Spieles und einer Kochanleitung handelt.

Sackhüpfen	**Ich brate mir ein Spiegelei**
Die Reihenfolge spielt die entscheidende Rolle!	
Überlege dir den Anlass für das Spiel, den technischen Prozess beziehungsweise die Zubereitung der Speise!	
Zunächst überlege, was du für das Spiel, den Vorgang oder zur Zubereitung der Speise brauchst!	
Zwei feste Säcke, vielleicht einen als Reserve	Zwei Eier, etwas Butter, Salz und Pfeffer, eine gute Pfanne, einen Bratenwender
Anzahl der Spieler, Strecke markieren	Vorbereitung: alles bereitlegen
1. Gruppen aufstellen	1. Pfanne erhitzen
2. Regeln verkünden	2. Butter zerlaufen lassen
3. Spielablauf beschreiben	3. Eier aufschlagen und in die Pfanne geben
4. Gewinner ist die Gruppe, die zuerst mit dem Hüpfen fertig ist	4. Vorsichtig würzen und braten, bis das Eiweiß und die Dotter fest werden
5. Preise verteilen	5. Servieren
Meinung zu dem Spiel	Meinung zu der Speise

Lies folgenden Text als Modell für die nächste Übung auf Seite 122.

Thema:
Verfasse eine Bastelanleitung für eine Jugendzeitschrift!

Lesetext

Wir bauen ein Mobile

Du hast ein kleines Geschwisterchen bekommen und möchtest deinem kleinen Bruder oder deiner kleinen Schwester gerne etwas schenken? Ein passendes Geschenk für ein Baby zu finden, ist nicht leicht.

Wir haben da eine Idee: ein hübsches Mobile, das über das Bettchen gehängt werden kann. Dafür kannst du aus Tonpapier verschiedene Figuren ausschneiden, zum Beispiel verschiedene Tiere wie lustige schwarz-weiße Kühe, bunte Vögel, Schmetterlinge oder Meerestiere wie in unserer Zeichnung.

Gerne werden Mobiles auch mit Sternen, Sternschnuppen oder Wolken gebastelt. Selbst ein sehr kleines Kind kann sich an einem Mobile freuen und schaut fasziniert zu, wie sich die Figuren leicht bewegen. Wenn du nicht weißt, wie man ein Mobile baut, erfährst du es hier!

Wenn du gleich loslegen willst, musst du dir eine Schere, Kleber, bunten Karton oder festes Papier, einen etwas festeren Faden und, wenn du willst, für die Figuren eine Schablone deiner Wahl zusammensuchen. Damit du die Figuren am Ende aufhängen kannst, benötigst du noch festen Draht, den du mit Hand gut biegen und in verschiedenen Längen abschneiden kannst.

So bastelst du dir dein Mobile:

Als erstes zeichnest du die Formen der Figuren auf dein Papier oder den bunten Karton vor – mit oder ohne Schablone, je nachdem.

Zeichne die Gesichter deiner Figuren hinein, überhaupt kannst du die Figuren auch noch hübsch bemalen, wenn du möchtest.

Jetzt schneidest du die aufgezeichneten Figuren aus.

Für ein einfaches Mobile brauchst du sieben Figuren und

Zeichnung: Peter Thulke

drei Drähte. Wenn du das Aufbau-Prinzip verstanden hast, kannst du aber auch ein ganz großes Mobile mit viel mehr Figuren basteln, sie sollten aber alle in etwa gleich groß sein.
Wenn du alles ausgeschnitten hast, kannst du das Aufhängesystem bauen.
Die jeweilige Länge der Drahthalter hängt von der Größe deiner Figuren ab.
Ein Tipp: Probiere es zuerst mit ca. 20 Zentimeter langen Drahthaltern zu etwa apfelgroßen Figuren aus.
Nun fügst du das Mobile zusammen. Am ersten Drahthalter befestigst du in der Mitte einen Faden, ca. 50 Zentimeter lang, an dem dann das ganze Mobile hängt. Ebenfalls in der Mitte befestigst du mit einem Faden von ca. zehn Zentimeter Länge die erste Figur, die dann unter dem Draht hängen muss. An jedes Bügelende hängst du mit einem jeweils etwa 20 Zentimeter langen Faden den nächsten Bügel, der natürlich waagrecht darunter schweben muss. Du musst am Ende dann ein bisschen herumprobieren, damit die Bügel wirklich in der Mitte aufgehängt sind und das Mobile im Gleichgewicht ist.
Unter die beiden neuen Bügel hängst du nun wieder mit ca. zehn Zentimeter langem Faden eine Figur in die Mitte und mit ca. 20 Zentimeter langen Fäden eine Figur an jedes Ende. Das Mobile mit sieben Figuren ist fertig.
Wenn du das Mobile aufhängst, wiegst du die einzelnen Bügel aus. Du kannst dann auch noch Höhen und Breiten verändern, so dass alle Figuren im Lot hängen und sich auch die Bügel untereinander nicht stören.

Wenn du es etwas komplizierter haben möchtest, fängst du damit an, dass du aus zwei Drahtbügeln ein Kreuz legst und gut verknotest. Auch hier hängst du unter die Mitte eine Figur und an jedes Drahtende wieder einen neuen Haltedraht, macht also vier neue Drähte mit jeweils zwei Enden, dazu die Figuren unter der Mitte: Dieses Mobile hat 13 Figuren.

Hängst du unter jedes Drahtende nicht nur einen Draht, sondern wieder ein Drahtkreuz, hat das Mobile dann 21 Figuren. Das ist aber schon die höhere Schule des Mobile-Baus, denn dabei musst du alles sehr gut austarieren und probieren, damit sich Drähte und Figuren nicht gegenseitig stören.

Wenn du jetzt fertig bist, kannst du dein Meisterwerk allen zeigen und es gleich deinem Geschwisterchen ins Zimmer hängen.

Übung

Übung:

Das Apfelmännchen

Fertige eine Arbeitsanleitung anhand der Zeichnungen an, indem du

1. notierst, welches Arbeitsmaterial benötigt wird.
2. die einzelnen Arbeitsschritte so aufschreibst, dass jemand anderes das Apfelmännchen auch basteln kann.

▶ Lösung Seiten 197 – 198

1.

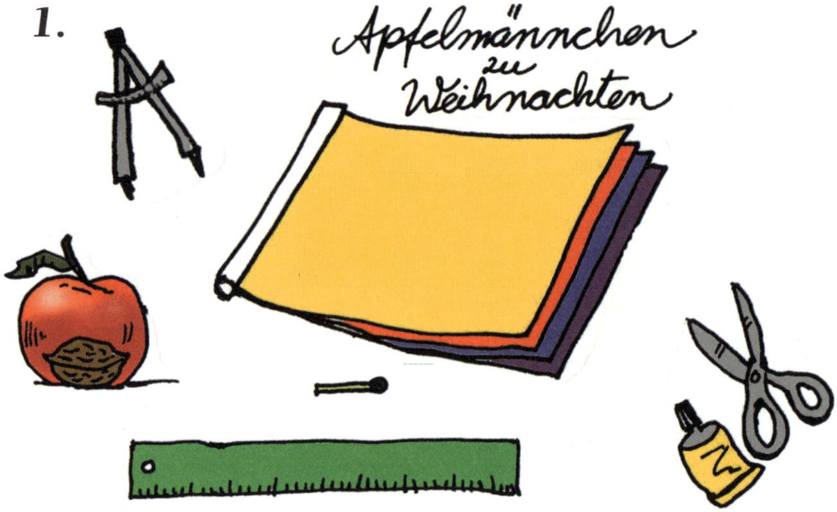

2.

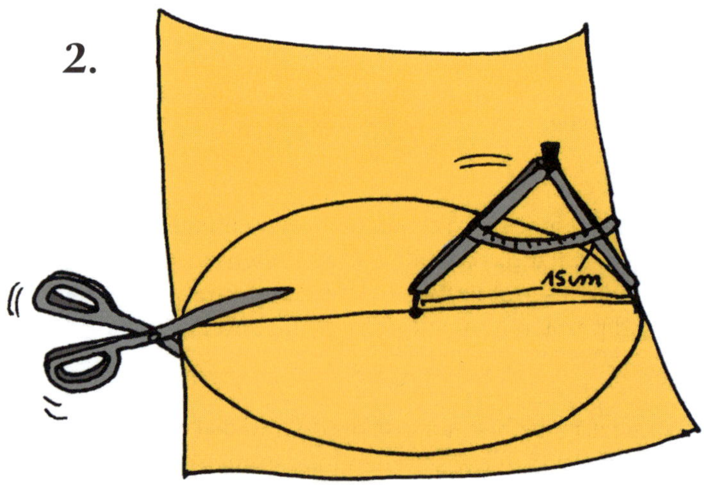

3.

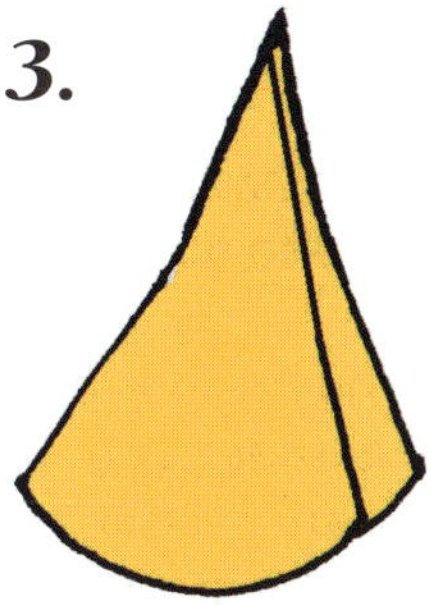

4.

5.

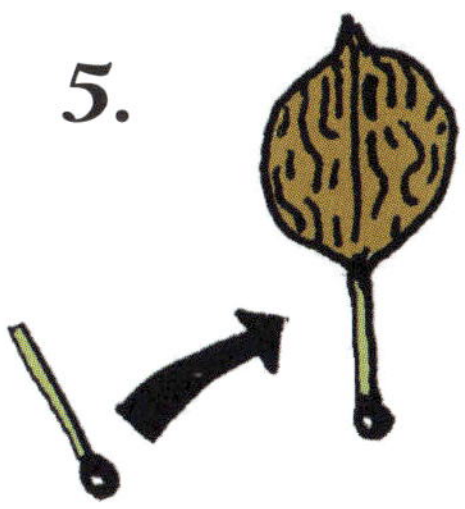

6.

7.

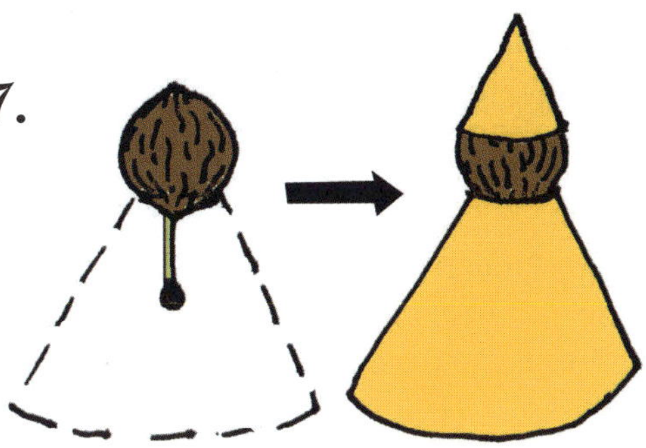

8.

3.3 Die Gegenstandsbeschreibung

Gegenstände zu beschreiben, fordert heraus und kostet Mühe. Selten findet man Gegenstandsbeschreibungen ohne ein Bild dazu, das den Gegenstand zeigt. Gut ist eine Beschreibung dann, wenn man sich auch ohne Abbildung den beschriebenen Gegenstand gut vorstellen kann.
Gegenstandsbeschreibungen findest du insbesondere in Katalogen von Versandhäusern. Eine Fülle sehr schöner und geradezu poetischer Beispiele bietet der Warenkatalog der Firma „Manufactum". Aber auch die Werbezettel, Prospekte oder Internetseiten vieler Hersteller geben nützliche Hinweise und können helfen, die richtigen Wörter zu finden.
Wie bei der Vorgangsbeschreibung gibt es auch hier ein System. Gleich bleibt der Rahmen: Auch eine Gegenstandsbeschreibung sollte mit Einleitung und Schluss zum Beispiel in einen Brief eingebettet oder als Artikel für die Schülerzeitung formuliert werden. Auch dabei sollst du den Leser ansprechen.

Info

Merke

Die Gegenstandsbeschreibung geht immer vom Allgemeinen zum Besonderen, vom Großen zum Kleinen, vom Groben ins Detail. Besonders wichtig sind auch hier genaue Bezeichnungen, Fachbegriffe und Angaben zu Maßen und Gewichten.

Die folgenden Details zur „Emil-Trinkflasche" sind den beiliegenden Werbeaufklebern und der Internetseite des Herstellers entnommen. Mögliche Aufgabenstellung: Beschreibe die Emil-Trinkflasche nach den besprochenen Regeln!

Lesetext

Kleiner Emil 0,3 l
(alle Texte aus der Werbung)

Trendig, pfiffig und kindgerecht: die original Emil-Trinkflasche. Jetzt auch mit Drehstopp: Die griffige Glasflasche im achteckigen Isolierbecher verhindert das Mitdrehen der Flasche beim Öffnen. Den runden Isolierbecher gibt es nach wie vor als Zubehör.
(Inhalt 0,3 l, H 18 cm, ø 8 cm)

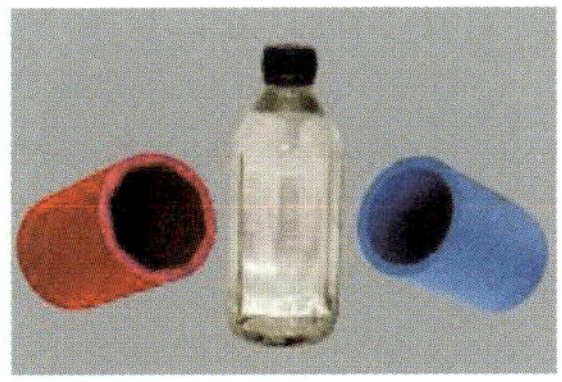

Ersatzteile
Umweltschonend, flexibel, praktisch. Alle Bestandteile der Emil-Produktlinie sind auch als Ersatzteil erhältlich: Glasflaschen, Isolierbecher, Verschlüsse und Stoffmäntel. Die Glasflasche 0,3 l ist passend für beide Isolierbecher 0,3 l. Der achteckige Becher verhindert, dass sich die Flasche beim Öffnen mitdreht. Der runde Becher ist auch für einige handelsübliche Glasflaschen geeignet.

Drolli Emil 0,3 l
Emil mit Köpfchen ist einfach pfiffig! Der original Emil 0,3 l ist ausgestattet mit Kordelstopper und dem Zierschraubverschluss Drolli – alles im passenden Dessin.
(Inhalt 0,3 l, H 21 cm, ø 8 cm, 300 g)
mehrfach nutzbar & umweltschonend, vielseitig & flexibel!

Übung:

Versuche, am folgenden Schülertext den Aufbau der Gegenstandsbeschreibung zu begreifen. Finde die Gliederung heraus und vergleiche sie mit der folgenden Musterlösung auf den Seiten 126/127.

Übung

Lesetext

Bamberg, den 20.11.2005

Liebe Barbara!

Wie geht es dir so? Du hast ja gesagt, dass deine kleine Schwester bald eingeschult wird und du noch ein Geschenk suchst, oder?

Ich wüsste da etwas! Eine Emil-Flasche! Ich selbst besitze eine seit der Grundschule. Sie ist von hoher Qualität, denn sie hält schon fünf Jahre und sieht immer noch gut aus.
Die Emil-Flasche besteht aus drei Teilen, nämlich aus der eigentlichen Flasche, dem Schutzmantel und dem Flaschensack.
Die Flasche aus Weißglas, die einen halben Liter fasst, besitzt einen Plastikschraubverschluss, den es in verschiedenen Farben gibt, wie blau, schwarz, weiß und rot.

Der Schutzmantel, der auch als Isolierbehälter dient, besteht aus blauem Styropor, das die Flasche schützt und je nachdem, welches Getränk sich in der Flasche befindet, wärmt oder kühlt. Das Styropor der Hülle ist etwa einen Zentimeter dick. Am Boden befindet sich, wie bei einem Blumentopf, ein kleines Loch, durch das Kondenswasser ablaufen kann.
Der Styroporbehälter umschließt die Flasche bis zum Flaschenhals. Ein doppelt genähter bunter Beutel umschließt die Flasche mit dem Styropormantel. Damit der Beutel lange hält, ist er mehrfach abgenäht. Die Innenwände des Beutels sind leicht ausgepolstert und der Boden ist etwas verstärkt. Den Flaschenbeutel gibt es in verschiedenen bunten Motiven. Am oberen Rand befindet sich eine Schlaufe, durch die eine feste Kordel läuft. Damit kann man den Beutel genau unter dem Verschluss zusammenziehen.
Ich finde diese Flasche sehr praktisch, denn im Gegensatz zu einer normalen Thermoskanne ist die Emil-Flasche klein und handlich. Die Glasflasche lässt sich gut reinigen, selbst der Styropormantel lässt sich gut abspülen, falls einmal etwas Flüssigkeit ausläuft. Dies gilt auch für den umhüllenden Stoffbeutel, der jederzeit bei 30 Grad gewaschen werden kann.
Der Preis beträgt etwa 8,50 Euro. Es kommt darauf an, ob du den großen (0,5 Liter) oder den kleinen (0,3 Liter) Emil kaufst.

Ich finde, dass die Emil-Flasche ein schönes Geschenk ist. Außerdem denkt deine Schwester, wenn sie die Flasche sieht, immer an ihren ersten Schultag, und damit erinnert sie sich auch an dich. Schreib mir, wie du dich entschieden hast.

Mit herzlichen Grüßen
deine Kathrin

Lesetext

Mustertext	**Gliederung**
Liebe Barbara! Wie geht es dir so? Du hast ja gesagt, dass deine kleine Schwester bald eingeschult wird und du noch ein Geschenk suchst, oder?	A. Persönliche Ansprache: Grund für die Beschreibung

Ich wüsste da etwas! Eine Emil-Flasche! Ich selbst besitze eine seit der Grundschule. Sie ist von hoher Qualität, denn sie hält schon fünf Jahre und sieht immer noch gut aus.	B. Thema: Die Emil-Flasche
Die Emil-Flasche besteht aus drei Teilen, nämlich aus der eigentlichen Flasche, dem Schutzmantel und dem Flaschensack.	I. Die Bestandteile des Gegenstandes
Die Flasche aus Weißglas, die einen halben Liter fasst, besitzt einen Plastikschraubverschluss, den es in verschiedenen Farben gibt, wie blau, schwarz, weiß und rot.	1. Beschreibung der Flasche a) Material (Glas) b) Größe c) Verschluss
Der Schutzmantel, der auch als Wärmebehälter dient, besteht aus blauem Styropor, das die Flasche schützt und je nachdem, welches Getränk sich in der Flasche befindet, wärmt oder kühlt. Das Styropor der Hülle ist etwa einen Zentimeter dick. Am Boden befindet sich, wie bei einem Blumentopf, ein kleines Loch, durch das Kondenswasser ablaufen kann. Der Styroporbehälter umschließt die Flasche bis zum Flaschenhals.	2. Beschreibung des Schutzmantels a) Farbe b) Funktion c) Größe
Ein doppelt genähter bunter Beutel umschließt die Flasche mit dem Styropormantel. Damit der Beutel lange hält, ist er abgenäht.	3. Beschreibung des Flaschenbeutels
Die Innenwände des Beutels sind leicht ausgepolstert und der Boden ist etwas verstärkt. Den Flaschenbeutel gibt es in verschiedenen bunten Motiven. Am oberen Rand befindet sich eine Schlaufe, durch die eine feste Kordel läuft. Damit kann man den Beutel genau unter dem Verschluss zusammenziehen.	a) Beschaffenheit b) Innenwand und Boden c) Farben d) Kordel
Ich finde diese Flasche sehr praktisch, denn im Gegensatz zu einer normalen Thermoskanne ist die Emil-Flasche klein und handlich. Die Glasflasche lässt sich gut reinigen, selbst der Styropormantel kann gut abgespült werden, falls einmal etwas Flüssigkeit ausläuft. Dies gilt auch für den umhüllenden Stoffbeutel, der jederzeit bei 30 Grad gewaschen werden kann.	II. Bewertung des Gegenstands insgesamt – Funktionen, weitere Varianten

> Der Preis beträgt etwa 8,50 Euro. Es kommt darauf an, ob du den großen (0,5 Liter) oder den kleinen (0,3 Liter) Emil kaufst.
> Ich finde, dass die Emil-Flasche ein schönes Geschenk ist. Außerdem denkt deine Schwester, wenn sie die Flasche sieht, immer an ihren ersten Schultag und damit erinnert sie sich auch an dich. Schreib mir, wie du dich entschieden hast.
>
> Mit herzlichen Grüßen
> deine Kathrin

C. Persönlicher Schluss – Vertiefung der Empfehlung

Info

Die Gliederung zeigt deutlich den Weg vom Allgemeinen zum Besonderen oder vom Groben zum Detail. Du merkst auch, dass du sprachlich sehr genau sein musst und dass es fast für jeden Teilbereich Fachausdrücke gibt. Gelegentlich musst du der Deutlichkeit halber auch die Aufgabe, die Funktion des beschriebenen Teilbereichs erklären, zum Beispiel:

- *Der Schutzmantel, der auch als Isolierbehälter dient …*
- *Am Boden befindet sich, wie bei einem Blumentopf, ein kleines Loch, durch das Kondenswasser ablaufen kann.*
- *Damit der Beutel lange hält, ist er mehrfach abgenäht.*
- *Am oberen Rand befindet sich eine Schlaufe, durch die eine feste Kordel läuft. Damit kann man den Beutel genau unter dem Verschluss zusammenziehen.*

Übung:

Beschreibe den abgebildeten Klebestift!
Schreibanlass: Du hast mit großem Erfolg einen Klebestift für die Schülerzeitung beschrieben.
Schreibe deiner Oma einen Brief, in dem du die Beschreibung des Klebestiftes einbettest.
Skizziere erst den Arbeitsplan!

▶ Lösung Seiten 199–200

3.4 Die Wegbeschreibung

Die Wegbeschreibung kommt in Aufsätzen sicherlich nicht allzu häufig vor. Doch ist sie für den Alltag wichtig, und wenn du sie beherrschst, kannst du anderen, die dich nach dem Weg fragen, weiterhelfen und umgekehrt weißt du, worauf es ankommt, wenn du selbst einmal nach dem Weg fragst. So merkst du es gleich, wenn dir jemand zu ungenaue Angaben macht.
Bei der Wegbeschreibung gilt als allgemeines Prinzip, dass du deutliche Orientierungspunkte wählen musst, dass deine Richtungsangaben klar verständlich sind und dass du dich schließlich um eine gute sprachliche Darstellung bemühst.

Lies die folgende Beschreibung, die anhand der kleinen Phantasiekarte auf Seite 130 – 131 entstanden ist, genau durch!

Vom Spielplatz zum Supermarkt

Lesetext

Ihr haltet euch auf dem Spielplatz auf. Deine Freundin möchte schnell noch etwas einkaufen. Beschreibe ihr den Weg zum Supermarkt!

Gehe über die kleine Brücke durch das alte Stadttor. Du befindest dich dann in der Fußgängerzone. Auf der gegenüberliegenden Seite siehst du einen Buchladen. Halte dich nun rechts und gehe an dem großen Kaufhaus entlang zum Zebrastreifen. Auf der gegenüberliegenden Straßenseite erhebt sich ein großes, hohes Gebäude, das ist die Polizei. Überquere den Zebrastreifen, gehe dann links und laufe um das Polizeigebäude herum, dann bist du in der Kirchstraße. Du siehst gleich noch einen Zebrastreifen, der genau zum alten Rathaus führt, das auf der gegenüberliegenden Straßenseite steht. Gehe über den Zebrastreifen, halte dich vor dem Rathaus rechts und biege dann gleich nach links in die kleine Gasse zwischen Rathaus und dem Gasthof „Zum Ratshof“ ein. Vor dir öffnet sich der hübsche Brunnenplatz mit dem großen runden Brunnen. Von da aus siehst du schon den Supermarkt, der genau neben der Sparkasse in der Mäusegasse liegt, du musst nur noch einmal über die Straße gehen und bist da.

SCHULE
POST
METZGEREI
Kirchstraße
Brückenstraße
Schuhe
BÄCKEREI
BLUMEN
BÜCHER
Eis
30
ZONE
KAUFHAUS
KAUFHAUS
KAUFHAUS
Kaufhaus
ZONE
Spielplatz

Zeichnung: Imke Staats

Stil

Imperativ
Befehls- und Aufforderungsform. Am Ende steht ein Ausrufezeichen „!“. Das Verb steht dabei am Anfang.
Beispiel: Geh/Geht/Gehen Sie …!

Für die Richtungsangabe verwenden wir Verben der Bewegung
gehen, laufen, eine Richtung einschlagen, folgen, sich wenden, heraustreten, überqueren, einbiegen, auf etwas stoßen, betreten, sich drehen, umkehren, marschieren, fahren, überschreiten, eintreten, verlassen, ...

Bemühe dich um Abwechslung, aber wichtiger ist, dass deine Beschreibung deutlich und verständlich ist. So sind bei längeren Beschreibungen Wiederholungen unvermeidlich.

Diese Regeln gelten auch für Verben der Wahrnehmung:
sehen, erblicken, bemerken, erkennen, ...

und für Wendungen:
sichtbar werden, vor Augen haben, ...

Ein besonders gutes Stilmittel ist die Personifizierung
Die **Straße führt** ans Ortsende.
Der **Weg endet** am Waldrand.
Ein **Turm erhebt sich** über dem Stadtviertel.
Das **Denkmal steht** mitten auf dem Platz.
Das **Tor öffnet sich** zum Stadtpark.
Das **Tor führt** in die Stadt.
Erklärung:
Unbelebte Nomen, Gegenstände wie die Tür, das Gebäude, werden mit aktiven Verben verbunden, die eigentlich mit lebendigen Nomen verknüpft sind wie „führen, sich öffnen, sich erheben“.
z. B. … ein Tor führt in …
Ein Tor kann eigentlich nicht führen, ein Mensch kann führen.
Die Personifizierungen sind aber etwas ganz Alltägliches und tragen dazu bei, dass dein Text lebendiger wirkt:
Das Schulhaus erhebt sich auf der Anhöhe ...
Unsere Orientierungspunkte wirken dadurch anschaulicher und lebendiger.

Du kannst deine Beschreibung genauer machen und verschönern, indem du den Nomen präzise Adjektive und Partizipien zuordnest:

ausgebleichte Holztür	Partizip Perfekt
gepflasterte Straße	Partizip Perfekt
geteerte Straße	Partizip Perfekt
bunt bemaltes Schulhaus	Adverb, Partizip Perfekt
schmiedeeisernes Tor	Adjektiv
enge Gasse	Adjektiv

Richtungsangaben

links
rechts
linker/rechter Hand
auf der linken/rechten Seite
links/rechts von Ihnen
zur Linken/Rechten
geradeaus
oberhalb/unterhalb
schräg gegenüber
direkt gegenüber
vor/hinter Ihnen
neben Ihnen
seitwärts
...

Namen nennen

Schließlich gewinnt deine Beschreibung an Klarheit, wenn du Straßen und Häusernamen richtig benennen kannst – die Wolfsgasse, die Kantstraße. So kann sich derjenige, der nach deiner Beschreibung den Weg sucht, an den Straßenschildern vergewissern, dass er noch richtig ist.

Übung:

Von der Tankstelle durch die Fußgängerzone zur Schule.
An der Tankstelle fragt dich ein Junge nach dem Weg zur Schule. Gib ihm anhand der Phantasiekarte auf Seite 130 – 131 eine genaue Antwort! Versuche dabei die genannten Stilmittel einzusetzen.

▶ Lösung Seite 200

3.5 Die Personenbeschreibung

Es ist gar nicht so einfach, eine Person so vorzustellen, dass sich ein anderer, der diesen Menschen nicht kennt, doch ein gutes und treffendes Bild machen kann. Wichtig ist, dass du nicht nur das Äußere der Person beschreibst, sondern auch Eigenschaften und Charakter.

Neben Personen kannst du auch Tiere beschreiben. Hier geben wir ein Beispiel für die Beschreibung eines Menschen und die Beschreibung zweier Tiere – wenn unser erstes Tier auch kein echtes Tier, sondern eine Comic-Figur ist. Allerdings kannst du mit den Prinzipien der Personenbeschreibung auch ein wirkliches Tier beschreiben, etwa deinen Hund.
Personenbeschreibungen sind eine wirkliche Kunst, aber sie machen Spaß, insbesondere dann, wenn du die Beschreibung etwa deines Lehrers oder deines Banknachbarn oder deiner Banknachbarin nach ein paar Jahren wieder liest.

Folgender Arbeitsplan kann dir bei der Beschreibung helfen:

Gliederung

A. Grund für deine Beschreibung, die wiederum in einem persönlichen Brief steht oder als Beitrag für die Klassenzeitung geschrieben wird.

B. Beschreibung meines Banknachbarn/meiner Banknachbarin

- **I. Die wichtigsten Lebensumstände**
  - Wie heißt die Person?
  - Wo lebt er/sie?
  - Welche Nationalität hat er/sie?
  - Wo wohnt er/sie?
- **II. Erste Gesamtbeschreibung**
  - Größe
  - Statur
  - Alter
  - Kleidung, Schmuck

Zeichnung: Peter Thulke

- **III. Gesicht**
  Wiederum in sinnvoller Reihenfolge: Form, Haare, Gesichtsausdruck
- **IV. Wichtige Eigenschaften**
  Hobbys, Vorlieben, Freunde, Charakter etc.

C. Was dir persönlich an deinem Banknachbarn/deiner Banknachbarin am besten gefällt

Die Beschreibung eines Menschen

Perfekt-chaotisch

Lesetext

Hallo Susi,

perfekt-chaotisch, ja, genau mit diesem Wort könnte man meine Banknachbarin und Freundin Christl, glaube ich, am besten beschreiben. Da du mich danach gefragt hast, neben wem ich in der Schule sitze, beschreibe ich dir Christl einmal genauer.

Sie heißt mit vollem Namen Christine Barbara Altdorfer und wohnt Am Lerchenbühl 17 im Babenberger Viertel in Bamberg.

Sie besucht mit mir die 7. Klasse des Clavius-Gymnasiums Bamberg. Sie ist sieben Monate älter als ich, also 13 Jahre und zwei Monate alt.
Trotzdem überrage ich sie mit meinen 1,71 cm um fünf Zentimeter.
Um größer zu wirken, trägt sie meistens Schuhe mit hohen Absätzen zu ihren Jeans.
Am Oberkörper trägt sie meistens Pullover in allen Farben und Ausführungen.
Schmuck legt sie kaum an. Gelegentlich bindet sie sich eine auffällige Armbanduhr um.

Christl hat eine schlanke Figur und ein hübsches ovales bis längliches Gesicht mit blau-grünen Augen, langen Wimpern, einer Stupsnase und einem großen Mund, den sie manchmal gar nicht zubekommen kann.

Ihre dunkelblonden Haare mit hellen Natursträhnchen trägt sie entweder zu einem Pferdeschwanz zusammengebunden oder offen über den Schultern.

Wegen ihrer netten, spontanen Art mögen sie fast alle in der Klasse.

Auch bei uns in der „Clique“, bestehend aus Franzi, Carina, mir und ihr, ist sie der Stimmungsmacher Nummer eins. Gerade wenn sie mal wieder von ihrem chaotischen und sehr verrückten Leben erzählt oder einen kleinen Aussetzer hat und irgendetwas völlig Verrücktes und Sinnloses tut, kann sich meist niemand mehr zügeln.

Gelegentlich benimmt sie sich richtig tollpatschig. Alle lachen, wenn sie von ihrer großen Leidenschaft, dem Volleyballspielen beim VG Bamberg, erzählt. Dort geht es nämlich meistens drunter und drüber.
Im Allgemeinen ist sie recht sportlich, auch wenn sie sich manchmal, zum Beispiel beim Fußballspielen, etwas dumm anstellt.
Sie isst fast alles, am liebsten aber chinesisch.
In der Schule glänzt sie durch hervorragende Leistungen.

Ich empfinde sie, obgleich sie manchmal etwas zickig und unglaublich stur sein kann, als eine super Freundin. Sie ist nicht nur äußerst lustig, sondern auch verständnisvoll, hilfsbereit und eine gute Zuhörerin.
Wie schon gesagt: perfekt-chaotisch! Nun kannst du dir, denke ich, meine Christl ganz gut vorstellen.

Ich grüße dich herzlich

deine Lisa

Die Beschreibung eines Comic-Tieres – Cat, der Filmkater

Zeichnung: Monika Pellkofer-Grieshammer

Diesen armen Straßenkater, gezeichnet von Monika Pellkofer-Grieshammer, findest du in der Datenbank www.deutsch-digital in der Sparte „Bildergeschichten für die Unterstufe".

Übung:

Ü Übung

Versuche eine „Personenbeschreibung" nach dem vorgegebenen Arbeitsplan und beschreibe diesen etwas heruntergekommenen Kater nach den besprochenen Regeln!
Um ihn herum schwirren Fliegen, weil er auf Körperpflege keinen Wert legt. In der Wand hat er sich mit seinen Krallen verewigt. Du kannst dir bei diesem Typen sicherlich noch weiteren Unfug vorstellen.

G Gliederung

A. Wie hast du den Kater gefunden? – Kino, Comics, Datenbank
B. Beschreibung von Cat
- **I. Die wichtigsten Lebensumstände**
  - Wie heißt der Kater?
  - Wo lebt er?
  - Zu welcher Gattung der Katzen gehört er?
  - Welchen Beruf übt er aus?

II. **Erste Gesamtbeschreibung**
- Größe
- Statur
- Alter
- Kleidung, Schmuck

III. **Gesicht**
Wiederum in sinnvoller Reihenfolge: Form, Haare, Gesichtsausdruck

IV. **Wichtige Eigenschaften**
Hobbys, Vorlieben, Freunde, Charakter etc.

C. Deine persönliche Meinung zu Cat – der Coole

▶ Lösung Seiten 201–202

Die Beschreibung eines Tieres

Der Rosa-Kakadu
(cacatua rosei capilla)

Übung:
Beschreibe den Rosa-Kakadu mit Hilfe der Tabelle so genau wie möglich in einem zusammenhängenden Text.

Körpergröße	35 cm (mit Schwanz, Kopf-Rumpf-Länge 28 cm)
Aussehen	• Rückenseite einschl. Flügeldecken: vom hellen bis zum dunkleren Grau übergehend • Kopf, Hals, Brust, Bauch: rosarot • Weißliche Haube (manchmal leicht rosa gestrichelt) • Männchen: besonders starker rosafarbener warziger Augenring, dunkelbraune bis schwarze Iris • Gehört zu den farblich schönsten Kakaduarten
Lebensraum	Wald/Savanne in Australien, tritt in großen Schwärmen bis zu 1000 Tieren auf, zählt zu den weitestverbreiteten Kakaduarten in Australien

Verhalten	• Morgens/abends oft aggressiv und laut, „meldet" alles Unbekannte sofort (= Wachhundersatz!) • Nagt sehr stark, beschädigt oft die Holzdekoration bei der Haltung
Haltung	• Am besten paarweise (Männchen und Weibchen) • Windgeschützte Voliere (Metalldraht/kleinere Maschen): ca. 5x3 m mit Innenraum; Naturbaumstämme in unterschiedlicher Dicke frei von dem Dach der Voliere hängend
Ausstattung der Voliere	Boden mit Vogelsand, Futternapf, Trinknapf (Wasser), Kalkstein (zum Wetzen des Schnabels), große Wasserschale zum Baden, frisches Laub- und Zweigmaterial zum Bau eines Nestes (bei Paarhaltung), Naturbaumstämme (mind. 1,50 m lang/Durchmesser 25–30 cm), Nistkasten (mit ausreichend Platz für ein Nest von 10–20 cm Höhe!)
Temperatur	Zwischen ca. – 10 °C (Bedingung: windgeschützter Standort!) bis 35 °C (Bedingung: schattiger Standort)
Pflege	2 x wöchentlich Käfig reinigen, Bodensand auswechseln, täglich Trink- und Badewasser erneuern
Nahrung	Anspruchslos: frische und getrocknete Beeren, Kräuter, Grassamen, Getreidekörner, besser keine Sonnenblumenkerne/Erdnüsse (Gefahr der Verfettung!), ab und zu Garnelen und Mehlwürmer, Obst selten
Besonderheit	Relativ selten bei uns wegen der Exportregelungen in Australien, zuchtgeeignet, häufig eine zweite Brut im Jahr

► Lösung Seiten 202–204

4. Berichten

Zwischen Erzählen und Berichten gibt es einen Zusammenhang. Zunächst geht es um das Thema: Du erzählst vorwiegend Geschichten, die dich bewegen, die auch andere interessieren könnten. Dasselbe gilt auch für den Bericht, auch der soll über ein Ereignis Auskunft geben und den Leser interessieren. Nur hat der Schreiber eines Berichtes eine andere Absicht als ein Erzähler: Während der Bericht hauptsächlich der Information dient, schreibst du eine Erzählung eher zur Unterhaltung.
Sowohl für einen Bericht wie auch für eine Erzählung solltest du eine genaue und treffende Sprache verwenden. Auch für den Bericht gilt das Grundprinzip des logischen Aufbaus, nämlich immer schön der Reihe nach vorgehen!
In der Schule lernst du die eher formalen Berichte kennen wie den Unfall- und den Schadensbericht. Zu den schon etwas anspruchsvolleren Formen gehört der Zeitungsbericht, aus dem sich dann in der Mittelstufe auch die Reportage entwickelt.

Im folgenden Kapitel lernst du die Grundprinzipien des Berichts kennen, insbesondere den Unfall- und den Schadensbericht, am Ende stehen dann Hinweise zum Zeitungsbericht beziehungsweise zum Bericht für eine Schülerzeitung nach dem journalistischen Prinzip.

4.1 Vorüberlegungen zu allen Formen des Berichtens

Berichte beziehen sich auf tatsächliche Ereignisse. In der Schule bekommst du Bilder, Filme oder Stichworte vorgelegt, anhand derer du über das beschriebene Ereignis berichten kannst.

Schon von der Erzählung her kennst du die sechs W-Fragen. Dort hast du sie verwendet, damit du alle wichtigen Informationen für die Einleitung zusammentragen kannst.

Für einen Bericht schreibst du dir die sechs W-Fragen auf einen Stichpunktzettel und beantwortest sie im Hinblick auf das Ereignis.

Das siebente W – die Frage „welche Folgen?" – gehört eigentlich nicht mehr zum Ereignis selbst, ist aber genauso wichtig. Es gibt sogar noch ein achtes W, nämlich die Frage „welche Quelle?" Damit gibst du die Quelle deiner Informationen an. Das können Namen von Zeugen oder befragten Personen sein, aber auch der Hinweis auf Fachbücher, Lexikonartikel oder Internetadressen.

Schau dir zunächst die W-Fragen genauer an:

Was ist geschehen? Nenne das Hauptereignis. Denke gleich daran, dass sich alle folgenden W's auf dieses erste W beziehen.

Wer? Alle beteiligten Personen, bei wichtigen Personen Vor- und Nachnamen nennen, bei Amtspersonen auch den Titel und die Berufsbezeichnung. Beim Unfallbericht und bei der Schadensmeldung benötigst du auch noch die vollständige Adresse.
Auf Datenschutz achten! Bei Presseartikeln über Unfälle nur Namenskürzel, z. B. Fritz M., nennen.

Wo? Der Ort des Geschehens. Dabei gehst du vom Allgemeinen zum Besonderen: Bamberg – Stadtmitte, Kapuzinerstraße, Abzweigung Fischerei.

Wann? Allgemeine und genaue Zeitangaben – die Jahreszeit, den Tag, das Datum, sogar die Uhrzeit, wenn sie wichtig ist.

Wie? Gehe auf die näheren Umstände ein, die Art und Weise, und beschreibe oder berichte, wie es zu dem Ereignis kam.

Warum? Sind Gründe für das Geschehen zu erkennen?

Welche Folgen? Bei den Folgen eines Ereignisses geht es zunächst um die Kosten, falls ein Schaden entstanden ist, um mögliche Strafen, wenn die Polizei eingeschaltet wurde, schließlich auch um die Reaktion der Betroffenen.

Welche Quelle? Adressen der Befragten, mindestens aber die vollständigen Namen, Angaben zur verwendeten Literatur, Internetadressen.

Übung

Übung:

Beantworte bei der folgenden Bildergeschichte von Peter Thulke die W-Fragen!

Zeichnung: Peter Thulke

Was ist geschehen?

Wer?

Wo?

Wann?

Wie?

Warum?

Welche Folgen?

____

____

Welche Quelle?

____

____

____

▶ Lösung siehe unten, 4.2 Der Unfallbericht – der Schadensbericht

4.2 Der Unfallbericht – Der Schadensbericht

Versetze dich bei der Bildergeschichte (siehe Seite 142) in die Rolle des Polizisten, dessen Aufgabe es ist, über den Hergang des Unfalls genau Bericht zu erstatten.
Zunächst betrachten wir unseren Fragebogen.

Was ist geschehen?
Totalschaden eines Motorrads – Marke BMW 250 – Kennzeichen BA – D – 1313

Wer?
Theodor Tietz, geboren 1950, wohnhaft Starkenfeldstr. 40, 96047 Bamberg

Wo?
Bundesstraße 22 zwischen Freienfels und Hollfeld (Oberfranken)

Zeichnung: Peter Thulke

Wann?
15.30 Uhr am 23. 5. 2004

Wie?
Vollbremsung wegen eines voranfahrenden Lastwagens, der wegen eines Igels überraschend voll abgebremst hat – Motorradfahrer auf Lkw geschleudert, dort unverletzt gelandet, Motorrad kippt um,

bleibt nach einigen Drehungen um sich selbst liegen. Lastwagenfahrer hat den Unfall nicht bemerkt, wird erst aufmerksam, als der Fahrer, der sich nach kurzer Zeit erholt hat, durch Klopfen auf sich aufmerksam macht.
Warum?
Zu geringer Abstand, zu schnell gefahren
Welche Folgen?
Totalschaden am Motorrad, Fahrer unverletzt
Welche Quelle?
Aussagen des Lastwagenfahrers Emil Meyer
Befragung des Motorradfahrers Theodor Tietz
Augenzeugin: die Bäuerin Marga Mauser

Emil Meyer: Ich sah plötzlich einen Igel die Straße überqueren. Da habe ich eben abgebremst, bin aber dann doch weitergefahren.
Theodor Tietz: Ich konnte doch nicht ahnen, dass der plötzlich bremst, war doch weit und breit kein Auto.
Bäuerin: Ich habe nur das Krachen gehört und bin hingelaufen, dann lag da das kaputte Motorrad auf der Straße und kein Fahrer weit und breit. Deshalb habe ich gleich die Polizei gerufen. Das war mir unheimlich.

Nun kannst du den Unfallbericht schreiben. Dabei gehst du der Reihe nach vor und machst ganz genaue Angaben.

Am Anfang steht das Hauptereignis, das Was. Und bei diesem Ereignis spielt das Wie eine große Rolle.

Lesetext

Unfallprotokoll
Am Dienstag, 23. Mai 2006, um 15.30 ereignete sich ein Unfall auf der Bundesstraße 22 zwischen Freienfels und Hollfeld. Das Unfallgeschehen spielte sich folgendermaßen ab:
Theodor Tietz, wohnhaft in Bamberg, Starkenfeldstraße 40, fuhr nach eigenen Angaben mit etwa 80 Stundenkilometern auf seinem Motorrad hinter einem Lastwagen her.
Der Unfall ereignete zwischen Freienfels und Hollfeld, etwa zwei Kilometer nach Freienfels Richtung Hollfeld.
Theodor Tietz wollte soeben zum Überholen ansetzen, da die Straße frei war und kein Gegenverkehr kam. Er beschleunigte daher sein Motorrad, als der Lastwagen vor ihm unvermittelt bremste. Theodor Tietz machte ebenfalls eine Vollbremsung. Dadurch flog er nach vorne durch die Luft

und landete auf der Ladefläche des Lastwagens. Er blieb unverletzt, weil die Sandladung seinen Aufprall abbremste. Das Motorrad drehte sich einige Male um sich selbst und blieb auf der Straße liegen.
Der Lastwagenfahrer Emil Meyer fuhr nun wieder weiter, ihn hatte ein Igel auf der Fahrbahn irritiert, wegen dem er gebremst hatte. Von dem Unfall hatte er gar nichts mitbekommen. Erst nach einigen Minuten konnte sich der Motorradfahrer bemerkbar machen, indem er an das Führerhaus klopfte.
Daraufhin kehrten Lastwagenfahrer und Motorradfahrer zur Unfallstelle zurück.
Die einzige Zeugin, die Bäuerin Marga Mauser, die neben der Straße Heu zusammenrechte, hatte den Aufprall gehört und war zur Straße gelaufen. Sie sah das zerbeulte Motorrad dort liegen und wunderte sich, weil kein Fahrer zu sehen war. Sie hat auch telefonisch die Polizei alarmiert.
Am Motorrad entstand wahrscheinlich Totalschaden.

Freienfels, 23.5.2006 Unterschrift

Zunächst erkennst du, dass der Unfallbericht wie eine Erzählung im Präteritum geschrieben ist.
Die gedankliche Ordnung hängt vom Berichtenden ab und davon, für wen der Bericht geschrieben wird.
In diesem Falle steht am Anfang das Ereignis, der Unfall mit knapper Orts- und Zeitangabe. Dann folgt der eigentliche Hergang des Unfalls. Schließlich sind die Folgen angegeben. Zeugenaussagen können eingebracht werden, sofern sie zur Klärung der Unfallursache beitragen.

Wenn du im Unterricht einen Bericht verfassen sollt, kann der auch in einenBrief eingebttet ei.Der Motorradfahrer wird den Schaden seiner Versicherung melden müssen. Dies könnte so aussehen:

Lesetext

Bamberg, 23. 5. 2006

Theodor Tietz
Starkenfeldstr. 40
96047 Bamberg

An die
XXX –Versicherung
Coburger Straße 44
XXXXX Lichtenfels

Schadensmeldung
Versicherungsnummer 508 409 753
Motorrad BMW 250 mit dem Kennzeichen BA – D - 1313
Totalschaden durch Unfall – Vollkaskoschaden

Sehr geehrte Damen und Herren,

am 23.5.2006 um 15.30 Uhr verlor ich aufgrund einer Vollbremsung zwischen Freienfels und Hollfeld (Oberfranken) die Herrschaft über mein Motorrad, das dann herrenlos über die Straße schlitterte. Der dadurch entstandene Schaden ist nicht mehr zu reparieren.

Der Unfall ereignete sich folgendermaßen: Ich fuhr hinter einem Lastwagen her, der mit geringer Geschwindigkeit Richtung Hollfeld fuhr. Ich fuhr etwa 80 Stundenkilometer schnell und wollte den Lastwagen überholen, da die Strecke frei war, und fuhr deshalb relativ nah auf. Ich fing gerade an, mein Motorrad zu beschleunigen, da bremste der Lastwagen vor mir vollkommen unerwartet und zwang mich zu einer Vollbremsung. Aufgrund der noch relativ hohen Geschwindigkeit wurde ich vom Motorrad auf die Ladefläche des Lastwagens geschleudert. Dabei zog ich mir keine Verletzungen zu, weil ich auf der Sandladung des Lkws relativ sanft landete und gute Schutzkleidung trug. Nach einer kurzen Ohnmacht machte ich den Fahrer auf mich aufmerksam, der den Unfall gar nicht bemerkt hatte.
Gemeinsam fuhren wir zur Unfallstelle zurück.

Gleich darauf traf die Polizei ein, die eine Bäuerin telefonisch verständigt hatte. Der Lastwagenfahrer gab gegenüber dem Polizisten an, dass er wegen eines Igels auf der Straße plötzlich gebremst habe. Er sei dann aber nach der Bremsung gleich weitergefahren und habe von dem Unfall gar nichts bemerkt.
Weitere Zeugen des Unfalls gab es nicht. Und die Bäuerin Marga Mauser, die auf dem Feld neben der Unfallstelle gearbeitet hatte, sah den Unfall nicht, sondern hörte nur den Knall. Sie wunderte sich über das verlassene und zerbeulte Motorrad und rief mit ihrem Handy gleich die Polizei.
Das Motorrad hat Totalschaden. Es ist vollkommen zerbeult und hat durch den Aufprall einen Riss im Motorblock.
Es steht in der Aral-Tankstelle in Hollfeld. Fotos der Schadendetails liegen diesem Schreiben bei.
Am Lastwagen entstand kein Schaden, auch blieb ich dank der Sandladung vollkommen unverletzt.
Ein Protokoll des Unfalls liegt bei der Polizeistation Bayreuth und kann nach Auskunft des Polizeiobermeisters Kurt Eichhorn dort eingesehen werden.
Ich bitte um Schadensregulierung im Rahmen meiner Vollkaskoversicherung.

Mit freundlichen Grüßen
Theodor Tietz

Anlagen: Fotos des Motorrads

Schema des Schadens- oder Unfallberichts

Das Schema dieses Schadens- oder Unfallberichts kannst du für jede Art von Schaden übernehmen.
Bei einem Unfall mit einem Fahrzeug oder wenn du etwas beschädigt hast, was einem anderen gehört, schreibt du an die Haftpflichtversicherung, denkbar sind auch Berichte an die Schulunfallversicherung und manchmal auch an die Krankenversicherung.
Auch wenn dir deine Lehrer und Eltern im Falle eines tatsächlichen Unfalls sicherlich helfen, solltest du in der Lage sein, einen Bericht richtig zu verfassen.

Merke

Datum

Absender
Empfänger

Betreffzeile: Der für den Empfänger wichtigste Punkt

Anrede
Ein kurzer Satz über das Geschehen, der mindestens das Wer, das Wann und das Wo enthält.

Dann folgt der Unfallhergang in der richtigen Reihenfolge.

Schließlich sind die Folgen aufzulisten, wie der entstandene Schaden.
Zeugen, falls vorhanden, sind zu benennen.
Der Hinweis auf das Protokoll der Polizei erleichtert die Lösung der Versicherungssache; die Versicherung kann bei der Polizei überprüfen, dass die Angaben stimmen.

Am Ende steht dann noch die Bitte um Klärung, Hilfe etc.

Anlagen – also dem Brief beigefügtes Informationsmaterial – ist eventuell wichtig: Fotos, eventuell die Adressen der Zeugen, falls zugänglich das Protokoll der Polizei.
Es muss auch angegeben werden, wo sich die beschädigte Sache befindet, falls jemand von der Versicherung den Schaden selbst anschauen will.

Info

Übung:
Betrachte die folgende Bildergeschichte genau und schreibe einen Bericht an die Haftpflichtversicherung. Fülle vorab den Stichpunktzettel aus. Bei solchen Bilderfolgen musst du immer einige Informationen selbst ergänzen, wenn sie dir der Lehrer nicht vorgibt. Diese Geschichte hier passierte bei einem Schullandheimaufenthalt. Schreibe den Bericht des Jungen.

Übung

Zeichnung: Peter Thulke

Was ist geschehen?

____

____

Wer?

____

____

Wo?

____

____

Wann?

____

____

Wie?

____

____

Warum?

____

____

Welche Folgen?

____

____

Welche Quelle?

____

____

► Lösung Seiten 204–207

Info

Merke

Zusammenfassung

1. Überlege, für wen du schreibst und was für den Leser deines Berichtes am wichtigsten ist!
2. Berichte in der richtigen Reihenfolge!
3. Schreibe in der ersten Vergangenheit (Präteritum) und beachte die Regel der Zeitenfolge (Vorvergangenheit: Plusquamperfekt)!
4. Schreibe sachlich und schlicht!
5. Beim Schreiben solltest du immer alle acht W-Fragen bedenken.
6. Notiere dir die allgemeinen und genauen Informationen zu den W-Fragen!
7. Zeugenaussagen in indirekter Rede wiedergeben.

4.3 Stilübungen

Die Sprache im Bericht soll sachlich und genau sein. Aber keinesfalls soll sie so sein, wie in dem typischen „Behördendeutsch“ oder „Beamtendeutsch“. Im folgenden Text sind die Stellen blau hervorgehoben, die uns nicht gefallen.

Übung

Übung:

Versuche zu erklären, was daran nicht gut ist!

Lesetext

Wiesenblum. Mit der **Entstempelung** eines Pkw **wurden** Beamte der Polizeiinspektion Wiesenblum vom Landratsamt **beauftragt**, da der 71-jährige Halter seit längerer Zeit keine Versicherung mehr bezahlt hatte. Gegenüber der Polizei gab der Wiesenblumer an, dass er von diesen **Ausständen** nichts gewusst habe. Aus diesem Grund sei er auch mit dem Pkw gefahren. Die Kennzeichen **wurden abgekratzt** und der Fahrzeugschein **eingezogen**. Außerdem erwartet den Verkehrssünder eine Strafanzeige nach dem **Pflichtversicherungsgesetz**.

Lesetext

Polizeibericht	Sprachliche Mängel
Mit der **Entstempelung** eines Pkw **wurden** Beamte der Polizeiinspektion Wiesenblum vom Landratsamt **beauftragt**, da der 71-jährige Halter seit längerer Zeit keine Versicherung mehr bezahlt hatte.	Nomen statt Verb (Nominalisierung) Passiv insgesamt umständlicher Satzbau
Gegenüber der Polizei gab der Wiesenblumer an, dass er von diesen **Ausständen** nichts gewusst habe.	unverständlicher Begriff
Aus diesem Grund sei er auch mit dem Pkw gefahren. Die Kennzeichen **wurden abgekratzt** und der Fahrzeugschein **eingezogen**.	Passiv Passiv
Außerdem erwartet den Verkehrssünder eine Strafanzeige nach dem **Pflichtversicherungsgesetz**.	unverständlicher Begriff

Betrachten wir die Stilsünden:

Nominalisierung

Ein guter Text lebt von treffenden Verben; Verben beleben den Ausdruck. Nomen dagegen wirken allgemein, abstrakt, schwierig. Die Sprache erlaubt es jedoch, Verben in Nomen umzuwandeln. Diesen Vorgang bezeichnen wir als Nominalisierung. Nominalisierungen – du merkst ja schon selbst, wie schrecklich diese Ung-Wörter klingen – entstehen entweder mit verschiedenen Endungen wie –ung, -heit, -keit oder indem du einen Artikel vor das Verb setzt.

Umständlicher Satzbau – Schachtelsätze

In der deutschen Sprache kannst du Sätze ineinanderschachteln. Die größte Schachtel bildet dabei der Satz insgesamt. In ihm stecken wie kleine Schachteln Relativsätze oder Adverbialsätze. Im obigen Beispiel findest du einen Kausalsatz.
Geschachtelte Sätze sind schwer zu verstehen. Versuche deshalb eher einfache Sätze zu bilden.

Passiv

Um das Passiv zu bilden, braucht man im Deutschen Hilfsverben. Du benötigst das Hilfsverb „werden" (Vorgangspassiv) oder „sein" (Zustandspassiv) und die dritte Form des Verbs, das Partizip Perfekt.
Schon durch seine Form wirkt das Passiv äußerst schwerfällig. Und meistens ist es vollkommen unnötig.
Vergleiche!
Aktiv: *Die Jugendlichen verbeulten das Auto.*
Vorgangspassiv: *Das Auto wurde verbeult.*
Zustandspassiv: *Das Auto war verbeult.*
Das Passiv ist dann sinnvoll, wenn man nicht weiß, wer etwas getan hat. Du verwendest es auch, wenn du den Täter nicht nennen möchtest.

Unklare Begriffe

Unklare Begriffe sind stets zu klären.
Auf Anhieb versteht der Leser sicherlich nicht das Wort „Ausstände".
Das „Pflichtversicherungsgesetz" gehört auch nicht zur gängigen Sprache.
Falls du einen solchen Fachbegriff verwenden willst, dann musst du ihn erklären.

Betrachte nun die Verbesserung:

Polizeibericht	Verbesserte Version
Mit der **Entstempelung** eines Pkw **wurden** Beamte der Polizeiinspektion Wiesenblum vom Landratsamt **beauftragt**, da der 71-jährige Halter seit längerer Zeit keine Versicherung mehr bezahlt hatte. Gegenüber der Polizei gab der Wiesenblumer an, dass er von diesen **Ausständen** nichts gewusst habe. Aus diesem Grund sei er auch mit dem Pkw gefahren. Die Kennzeichen **wurden abgekratzt** und der Fahrzeugschein **eingezogen**. Außerdem erwartet den Verkehrssünder eine Strafanzeige nach dem **Pflichtversicherungsgesetz**.	Beamte der Polizeiinspektion Wiesenblum entstempelten den Pkw eines 71-jährigen Autofahrers. Das Landratsamt hatte diese Maßnahme angeordnet, weil der Halter des Fahrzeugs schon längere Zeit keine Versicherung mehr bezahlt hatte. Der Autofahrer selbst wusste allerdings gar nichts von den ausstehenden Versicherungsbeiträgen. Deshalb sei er auch mit dem Auto gefahren, gab der Mann an. Die Polizeibeamten entfernten allerdings die Plaketten auf den Nummernschildern und zogen den Fahrzeugschein ein. Der ältere Herr muss nun mit einer Strafanzeige rechnen, weil er gegen geltendes Recht verstoßen hat, nach dem ein Auto ohne gültige Versicherung nicht gefahren werden darf.

Der zweite Text ist zwar etwas länger, dafür aber verständlicher.

Übung:

Verbessere folgende Meldungen oder Teile von Meldungen!
Am Rand steht, was stilistisch nicht gefällt.

▶ Lösung Seiten 207–208

Lesetext

Einen **versuchten Einbruch mussten** die Betreiber der Egelseer Heimatstuben in der Franz-Müller-Straße in Katzenbach **feststellen**.	geschwollene Sprache
Bisher unbekannte Täter versuchten von einer öffentlichen Toilette aus in die Räumlichkeiten zu gelangen. **Aufgrund einer versperrten Verbindungstür, die zusätzlich durch eine Verschraubung gesichert war,** scheiterte dieses Unternehmen.	Satzmonster: Kausal- und Relativsatz in den Hauptsatz eingebettet

Von einem Kaufhausdetektiv **wurde** eine 17-Jährige aus Grimmelshausen **beobachtet**, als sie im REWE-Markt Kosmetikartikel einsteckte.	Passiv
Als sie den Laden ohne zu bezahlen verlassen wollte, **wurde sie angehalten** und in das Büro des Kaufmarktes gebracht.	Passiv
Dort fand sich dann schließlich Diebesgut von über 240 Euro in ihren Taschen.	merkwürdige Formulierung
Eine Anzeige wegen Diebstahl **wird** gegen die junge Wiederholungstäterin **erstellt**.	Passiv

Sportlich und unzulässig

Am Samstag gegen 2.30 Uhr fiel einer Streife der Polizeiinspektion Krumbach ein VW Golf aus dem Krumbacher Landkreis auf, da er in der Bahnhofsstraße extrem über das Kopfsteinpflaster „hüpfte“.	Satzbau
Bei der näheren **Begutachtung** stellten die Beamten fest,	Nominalisierung
dass der getunte Pkw **nicht nur über keinerlei Federweg verfügte, sondern auch noch mit einem unzulässigen Sportauspuff versehen war.**	Satzbau
Das Geräusch des Auspuffs überstieg den zulässigen Wert bei weitem. **Da somit die Betriebserlaubnis und die Zulassung des Pkw erloschen ist, muss** das Fahrzeug beim TÜV vorgeführt und eine Anzeige nach der StVZO erstellt werden.	Satzbau

4.4 Die Todsünden des Schreibens – Gebrauchsanleitung für das Beamtendeutsch

Wie man richtig schlecht schreibt

Berühmt-berüchtigt ist das so genannte „Beamtendeutsch". Darunter versteht man eine Sprache, die so verklausuliert zu sein scheint, dass man auf Anhieb erst einmal gar nichts versteht – obwohl es eigentlich ganz normales Deutsch ist.
Es gibt einige Tricks, wie man aus einer klaren, verständlichen Sprache solch ein Kauderwelsch machen kann. Allerdings ist es nicht ganz richtig, dass diese Ausdrucksweise nach den Beamten benannt wurde, denn diese Methoden verwenden ziemlich viele Menschen beim Schreiben – und das oftmals ganz unbewusst.

Die Tricks des Beamtendeutsch:

Warum einfach, wenn's auch umständlich geht? Es lebe das Passiv!

Verwende so oft wie es geht Passiv-Konstruktionen und vermeide das Aktiv.
(Angezeigt ist die Verwendung von Passiv-Konstruktionen sowie die Vermeidung des Aktiv.)

Ein Passiv ist normalerweise da angebracht, wo man nicht weiß, wer etwas getan hat, wo es kein Subjekt für den Satz gibt:
Der Zaun wurde umgefahren.
Allerdings kann man trotzdem das Aktiv verwenden, wenn man eine sinnvolle Bezeichnung für den Handelnden findet:
Ein Unbekannter fuhr den Zaun um.
Beides ist vollkommen in Ordnung. Aber man kann natürlich recht leicht eine umständliche Passiv-Konstruktion erschaffen:
Der Zaun wurde durch einen Unbekannten umgefahren.
Das Passiv ist nicht notwendig, denn es gibt ja einen Handelnden: ein Unbekannter. Daher muss unser Unbekannter mit einer Konjunktion ans Passiv drangehängt werden.
Besonders gelungen wirkt unser Beamtendeutsch, wenn man zudem eine irreführende Konjunktion wählt. Von wem wurde der Zaun umgefahren? Von einem Unbekannten. Also müsste es einfach heißen:
Der Zaun wurde von einem Unbekannten umgefahren.

Das Wort „durch" ist hier unnötig umständlich, zudem stutzt man einen Augenblick, ob es nicht mit örtlichem Bezug gemeint ist. Man kann durch einen Torbogen gehen. Aber wie kommt ein Zaun durch einen Unbekannten...? Man kann den Satz erst hinterher verstehen, wenn man ihn ganz gelesen hat. Beim Lesen spürt man, da scheint etwas nicht zu stimmen, weiß aber nicht auf Anhieb, was eigentlich irritiert. Das ist auch ein Grund, warum gut formuliertes Beamtendeutsch den Leser so hilflos macht.

Hier noch ein gelungenes Beispiel:
Von den Polizeibeamten wurde im Rahmen ihrer gesetzlichen Möglichkeiten auf die Verfolgung der von dem alten Mann begangenen Verkehrsordnungswidrigkeiten verzichtet.
Alles klar?

Der Tod des Verbs: die Substantivierung

Verwende, wo immer es geht, nicht ein Verb, sondern mache ein Substantiv daraus.

Besonders effektvoll sind Worte mit der Endung „-ung", die aus annähernd jedem Verb gebildet werden können.
Mitarbeiter des Landratsamtes zählen den Verkehr.
Die Verkehrszählung erfolgt durch Landratsamtsmitarbeiter.

Helfer hängten die Bilder für die neue Ausstellung auf.
Die Aufhängung der Bilder für die neue Ausstellung erfolgte durch Helfer.

Die Beamten stellten den Führerschein des Autofahrers sicher.
Es kam zur Sicherstellung des Führerscheins des Autofahrers durch die Beamten.
(Wobei „Führerschein sicherstellen" schlicht heißt: Sie nahmen ihm den Führerschein ab.)

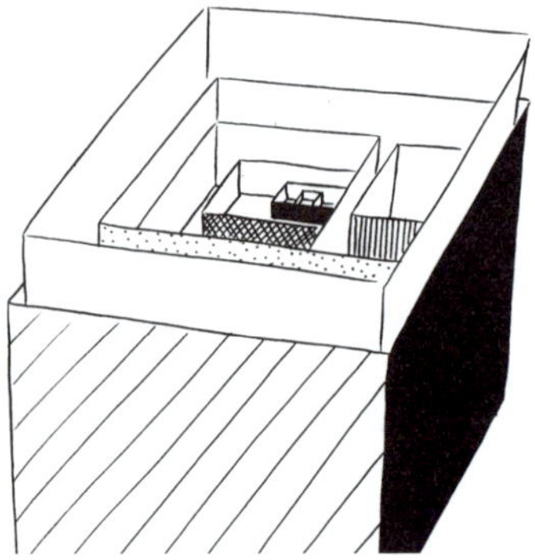

Baue komplizierte Schachtelsätze,
bei denen der Leser in die Position eines vom Autor des Textes in die Irre zu Führenden gedrängt wird und er nicht so schnell eine Chance bekommen sollte – zudem auch noch bei der zusätzlichen Anwendung der vorgenannten und der noch nachfolgend zu nennenden Tricks und Stilmittel – den Überblick vom Anbeginn bis zum Ende eines Satzes bewahren zu können. So wie hier!

Leite aus ganz normalen Wörtern Wortneuschöpfungen ab, die es im Deutschen gar nicht gibt.
Hilfreich ist dabei besonders Trick mit dem „-ung", siehe Punkt zwei.

Die Bauern brachten die Kühe auf die Alm, damit sie frisches Gras fressen können.
*Die **Verbringung** der Kühe auf die Alm durch die Bauern dient der Ernährung mit frischem Gras.*
Das Wort „Verbringung!" gibt es gar nicht!
(Dieses Beispiel zeigt einen hübschen Nebeneffekt: Da man bei dem Substantiv „Ernährung" nicht mehr erkennen kann, worauf es sich bezieht, können es nun auch die Bauern sein, die das Gras fressen.)

Knapp daneben ist auch vorbei: über die Bedeutung von Wörtern.
Hier ein hübscher Text, Erklärung folgt:

Linienbus war nicht abgesichert

Hoffnungslos überfordert war eine junge Busfahrerin, die am Bahnhofsplatz kontrolliert wurde. Sie konnte teilweise mit den ihr von den Beamten genannten Ausrüstungsgegenständen nichts anfangen und wusste auch nicht, wo sie danach suchen sollte. So konnten Warndreieck, windsichere Handlampe, Warnleuchte und anderes nicht vorgezeigt werden. Auch die Sicherheitsüberprüfung, die im Februar fällig gewesen wäre, war nicht durchgeführt worden. Aus diesem Grund werden sowohl Firma als auch Fahrerin eine Anzeige erhalten, zudem werden die entsprechenden Aufsichtsbehörden informiert.

Interessant ist schon die Überschrift „Linienbus war nicht abgesichert".

Denn sofort fragt man sich – wogegen war er nicht abgesichert? „Abgesichert", das kann alles Mögliche bedeuten, dieses Wort ist so allgemein, dass es der Phantasie Tür und Tor öffnet.
Zum Beispiel könnte es bedeuten, der Bus war nicht gegen Diebstahl abgesichert, also nicht zugesperrt, und ist deswegen gestohlen oder ausgeraubt worden.
Oder der Bus war nicht gegen Regen abgesichert – er hatte ein offenes Dach und ist jetzt innen nass.
Oder der Bus ist einen Abhang hinuntergestürzt, weil eine Leitplanke fehlte.
Oder der Bus hatte einen Unfall und die Versicherung zahlt nicht, weil die Versicherungsprämien nicht bezahlt worden waren.

Verwende Wörter, die vollkommen allgemein sind und viele Interpretationen zulassen. So weiß kein Mensch, was eigentlich gemeint ist.
Der kreative Verfasser dieses Textes wollte allerdings tatsächlich noch etwas ganz anderes sagen: Die Busfahrerin wusste nämlich nicht, wo im Bus bestimmte Dinge waren, die man bei einer Panne oder einem Unfall braucht, um die anderen Autofahrer auf den liegengebliebenen Bus aufmerksam zu machen: Warndreieck, Handlampe und Warnleuchte.
Allerdings wird hier eine seltsame Formulierung gewählt: „Sie konnte mit den geforderten Ausrüstungsgegenständen nichts anfangen." Wenn jemand mit etwas nichts anfangen kann, heißt das, dass er die Sachen nicht kennt, nie gesehen hat, keine Ahnung hat, wozu sie gut sind. Eine Busfahrerin, die mit Warndreieck, Handlampe und Warnleuchte nichts anfangen kann, hat ihren Führerschein wohl im Lotto gewonnen...
Aber nein, es liegt am Schreiber: Er verwendet das Wort „anfangen" falsch. Was gemeint ist, kann man aus dem Zusammenhang erraten – es steht aber nicht da.

Nett ist auch die „Sicherheitsüberprüfung": Der Autor hätte auch schreiben können, dass der TÜV seit Februar abgelaufen war. Das war ihm wohl zu einfach.

An nutzlosen Informationen reinpressen, was geht.
Bleiben wir beim vorangegangenen Text.
Ein Gegenstand ist – eben ein Gegenstand. Was aber ist ein „Ausrüstungsgegenstand"? Erfahren wir durch das Aufblähen dieses Wortes irgendetwas Zusätzliches?
Die „entsprechenden Aufsichtsbehörden": Andere als die entsprechenden, also zuständigen Aufsichtsbehörden wird der Fall allerdings auch nicht interessieren. Nur, wer sind die „entsprechenden Aufsichtsbehörden"? Der Text verrät es dem Leser nicht.

Noch ein gut gelungener Text:

Während des Einkaufs am Dienstag, gegen 19 Uhr, in der Hauptstraße, wurde der Ford eines Kurgastes aufgebrochen. Bei der Aufnahme des Sachverhaltes wurde festgestellt, dass der Schließzylinder des Wagens auf der Fahrerseite herausgedreht und damit das Auto geöffnet worden war.

Zunächst irritiert wieder der Bezug. Wessen Einkauf? Ist der Ford einkaufen gegangen oder der Kurgast...?
Das Schönste dieses Textes ist aber die Formulierung: „Während der Aufnahme des Sachverhaltes ..."
Erstens: Dieser Diebstahl wurde also von der Polizei aufgenommen – klar, sonst gäbe es diese Meldung ja gar nicht. Darauf hinzuweisen, ist daher vollkommen überflüssig.
Zweitens: Wer hat den Sachverhalt aufgenommen? Polizisten, nehmen wir an, aber es steht nicht dabei.
Drittens: Was heißt eigentlich „Aufnahme des Sachverhaltes"? Man kann sich denken, wie so etwas abläuft. Der schockierte Kurgast ruft telefonisch die Polizei, ein Streifenwagen mit zwei Beamten kommt, die schauen sich das beschädigte Auto an und befragen den Kurgast, was gestohlen wurde und so weiter, und schreiben dann einen Bericht. Dies alles meint der Schreiber vermutlich mit „Aufnahme des Sachverhaltes". Aber – das muss der Leser schon selbst erraten. Diese Formulierung gibt vor, Informationen zu liefern, tut es aber nicht.

Zusammenfassung

Wenn wir alle die genannten Tricks beherzigen – **und zwar auf umgedrehte Art**, indem wir sie vermeiden – wird es uns gelingen, uns in einer klaren und verständlichen Sprache auszudrücken. Das ist quasi schon die „halbe Miete“ beim Schreiben, wie man so sagt: Wer darauf konsequent achtet und eigene Texte auf diese Punkte nochmals durchsieht und wo nötig korrigiert, kann eigentlich gar nicht mehr so viel verkehrt machen!

Merke

Hier nochmals die einzelnen Punkte:

Wo immer dir ein Passiv begegnet - haue es dem Autor um die Ohren, löse es auf und formuliere im Aktiv!

Knacke die Nominalisierungen und verwende normale Verben. Dafür musst du umformulieren – aber es lohnt sich!

Baue unverständliche Schachtelsätze zu normalen, verständlichen Sätzen um – auch wenn es manchmal geradezu eine Detektivarbeit ist, zu suchen, wo sich die einzelnen Satzteile verstecken.

Kreativität ist eine schöne Sache – aber nicht beim Erfinden von Wörtern, die es gar nicht gibt. Wer so etwas tut, will nicht verstanden werden.

Jedes Wort hat eine ganz bestimmte Bedeutung, manche haben auch mehrere Bedeutungen, aber auch diese sind dann ganz konkret. Eigentlich sollte es selbstverständlich sein, dass wir die Wörter gemäß ihrer Bedeutung verwenden. Aber – dazu muss man sich vorher genau überlegen, was man eigentlich sagen möchte und welche Wörter die richtigen sind. Wer dabei schlampig ist, darf sich nicht wundern, wenn er nicht verstanden wird.

Das, was wir schreiben, sollte auch des Schreibens wert sein. Dazu muss man allerdings in der Lage sein, Wesentliches von Unwesentlichem zu unterscheiden.

Also: Erst denken, dann schreiben!

4.5 Der journalistische Bericht – Bericht für eine Zeitung

Journalisten verstehen es, Berichte ansprechend zu schreiben. Wir versuchen, ihnen ein wenig über die Schultern zu schauen.
Da es in der Zeitung nur beschränkt Platz gibt, wählt der Redakteur einer Zeitung nur die Berichte für die Öffentlichkeit aus, für die auch ein gewisses öffentliches Interesse besteht.

Ein Zeitungsbericht hat drei Teile:
- **die Überschrift**
- **den Vorspann**
- **den eigentlichen Bericht.**

Die **Überschrift** formulierst du zuletzt, denn es ist nicht einfach, in kurzen Worten zu sagen, worum es geht. Die Überschrift soll neugierig machen auf den Bericht, sie soll den Leser quasi in den Text hineinziehen.

Der **Vorspann** enthält den Kern der Informationen, die dann im eigentlichen Bericht ausgeführt werden.

Der **Bericht** beschreibt sachlich, was sich ereignet hat, worum es geht.

Dieses Prinzip drückt sich in der Regel auch durch den Druck aus. Überschrift und Vorspann sind fett gedruckt, der eigentliche Bericht erscheint dagegen in einfacher Schrift.

Betrachte nochmals deinen Notizzettel über den seltsamen Motorradunfall:
Was ist geschehen?
Totalschaden eines Motorrads – Marke BMW 250 –
Kennzeichen BA – D – 1313
Wer?
Theodor Tietz, geboren 1950, wohnhaft Starkenfeldstr. 40, 96047 Bamberg
Wo?
Bundesstraße 22 zwischen Freienfels und Hollfeld (Oberfranken)
Wann?
15.30 Uhr am 23. 5. 2006

Wie?
Vollbremsung wegen eines voranfahrenden Lastwagens, der wegen eines Igels überraschend voll abgebremst hat – Motorradfahrer auf Lkw geschleudert, dort unverletzt gelandet, Motorrad kippt um, bleibt nach einigen Drehungen um sich selbst liegen. Lastwagenfahrer hat den Unfall nicht bemerkt, wird erst aufmerksam, als der Fahrer, der sich nach kurzer Zeit erholt hat, durch Klopfen auf sich aufmerksam macht.
Warum?
Zu geringer Abstand, zu schnell gefahren
Welche Folgen?
Totalschaden am Motorrad, Fahrer unverletzt
Welche Quelle?
Aussagen des Lastwagenfahrers Emil Meyer
Befragung des Motorradfahrers Theodor Tietz
Augenzeugin: die Bäuerin Marga Mauser

Emil Meyer: Ich sah plötzlich einen Igel die Straße überqueren. Da habe ich eben abgebremst, bin aber dann doch weitergefahren.
Theodor Tietz: Ich konnte doch nicht ahnen, dass der plötzlich bremst, war doch weit und breit kein Auto.
Bäuerin: Ich habe nur das Krachen gehört und bin hingelaufen, dann lag da das kaputte Motorrad auf der Straße und kein Fahrer weit und breit. Deshalb habe ich gleich die Polizei gerufen. Das war mir unheimlich.

Zunächst kannst du dir die Frage stellen, ob dieser Unfall überhaupt einen längeren Bericht in der Zeitung wert ist.
Bei dieser Bildergeschichte spricht der ungewöhnliche Ablauf dafür – denn ein verlassenes, kaputtes Motorrad ganz allein auf der Straße, ohne Fahrer, ist schon eine sehr seltsame Angelegenheit.

Die Fragezeichen deuten schon auf das Ungewöhnliche dieses Unfalls hin. Es geht nämlich hauptsächlich um das Was und Wie.
Ordne die W's des Berichtes so, dass das Ungewöhnliche, Sensationelle, Unglaubliche, Einmalige, Folgenschwere am Anfang steht – je nachdem, was in der Geschichte eben passiert ist. Dies kann das Was, das Wo, das Warum, eben jedes W deiner Tabelle sein. Die anderen W's ordnest du dem ersten W nach, die unwichtigste Information sollte dabei am Schluss stehen.
Die zentralen Informationen stehen so am Anfang.

Zeichnung: Peter Thulke

Zunächst verfasst du ganz allgemein den Vorspann, dann schreibst du den ausführlichen Bericht und danach, wenn du richtig drin bist im Thema, fällt dir auch eine gute Überschrift ein.

Im Vorspann erwähnst du die allgemeinen Informationen, die zu den W's gehören, im Bericht wiederholst du diese Informationen, berichtest aber nun genau.

Alle allgemeinen Informationen sind im folgenden Text rot geschrieben:

Was ist geschehen?
Totalschaden eines Motorrads – Marke BMW 250 –
Kennzeichen BA – D – 1313
Wer?
Theodor Tietz, geboren 1950, wohnhaft Starkenfeldstr. 40, 96047 Bamberg
Wo?
Bundesstraße 22 zwischen Freienfels und Hollfeld (Oberfranken)
Wann?
15.30 Uhr am 23. 5. 2006
Wie?
Vollbremsung wegen eines voranfahrenden Lastwagens, der wegen eines Igels überraschend voll abgebremst hat – Motorradfahrer auf Lkw geschleudert, dort unverletzt gelandet, Motorrad kippt um, bleibt nach einigen Drehungen um sich selbst liegen. Lastwagenfahrer hat den Unfall nicht bemerkt, wird erst aufmerksam, als der Fahrer, der sich nach kurzer Zeit erholt hat, durch Klopfen auf sich aufmerksam macht.

Warum?
Zu geringer Abstand, zu schnell gefahren
Welche Folgen?
Totalschaden am Motorrad, Fahrer unverletzt
Welche Quelle?
Aussagen des Lastwagenfahrers Emil Meyer
Befragung des Motorradfahrers Theodor Tietz
Augenzeugin: die Bäuerin Marga Mauser

Emil Meyer: Ich sah plötzlich einen Igel die Straße überqueren. Da habe ich eben abgebremst, bin aber dann doch weitergefahren.
Theodor Tietz: Ich konnte doch nicht ahnen, dass der plötzlich bremst, war doch weit und breit kein Auto.
Bäuerin: Ich habe nur das Krachen gehört und bin hingelaufen, dann lag da das kaputte Motorrad auf der Straße und kein Fahrer weit und breit. Deshalb habe ich gleich die Polizei gerufen. Das war mir unheimlich.

Vorspann

Vor einem Rätsel standen zwei Polizeibeamte, als sie auf der B 22 zwischen Freienfels und Hollfeld ein herrenloses, vollkommen zerstörtes Motorrad auf der Straße liegen sahen. Während die Polizei nach dem Fahrer suchte, hielt ein mit Sand beladener Lkw an der Unfallstelle an, aus dem der gesuchte Motorradfahrer vollkommen unverletzt ausstieg.

Eigentlicher Bericht

Theodor T. aus Bamberg fuhr mit seinem Motorrad, einer BMW 250, die Bundesstraße entlang. Er wollte den vor ihm fahrenden Lastwagen überholen und fing gerade an, seine Maschine zu beschleunigen, und fuhr dicht auf. Der Lastwagen bremste jedoch unvermittelt. Theodor T. bremste so heftig, dass er vom Motorrad auf die Ladefläche des Lastwagens geschleudert wurde. Dort landete er zu seinem Glück weich auf der Sandladung. Der Lastwagenfahrer setzte seine Fahrt fort, ohne etwas von dem Unglück bemerkt zu haben. Erst nach einigen Minuten machte der kurzfristig ohnmächtige Motorradfahrer den Fahrer auf sich aufmerksam. Gemeinsam kehrten sie zur Unfallstelle zurück. Mittlerweile hatte die Landwirtin Marga M. die in der Nähe der Unfallstelle auf einer Wiese gearbeitet hatte, die Polizei gerufen. Während die Polizeibeamten noch nach dem Fahrer suchten, hielt der Lastwagen an der Unfallstelle an. Fahrer und Motorradfahrer erklärten den erstaunten Polizisten den Unfallhergang. Emil M., der Fahrer des Lkws, meinte, er habe eigentlich nur gebremst, weil ein Igel die Straße überquert habe, die Vollbremsung des Motorradfahrers und die entsprechenden Folgen seien ihm vollkommen entgangen.

Die Überschrift

Die Überschrift ist so etwas wie Werbung für den Bericht. Sie soll aufmerksam machen, sie soll den Blick auf den Artikel lenken. Auch der Vorspann soll auf den eigentlichen Bericht aufmerksam machen.

Am Ende könnte das so aussehen:

Lesetext

Das Geheimnis des verschwundenen Motorradfahrers

Vor einem Rätsel stand zwei Polizeibeamte, als sie auf der B22 zwischen Freienfels und Hollfeld ein herrenloses, vollkommen zerstörtes Motorrad auf der Straße liegen sahen. Während die Polizei nach dem Fahrer suchte, hielt ein mit Sand beladener Lkw an der Unfallstelle an, aus dem der gesuchte Fahrer vollkommen unverletzt ausstieg.

Theodor T. aus Bamberg fuhr die Bundesstraße entlang. Er wollte den vor ihm fahrenden Lastwagen überholen und fuhr deshalb dicht auf. Der Lastwagen bremste jedoch unvermittelt. Theodor T. bremste so heftig, dass er vom Motorrad auf die Ladefläche des Lastwagens geschleudert wurde. Dort landete er zu seinem Glück weich auf der Sandladung. Der Lastwagenfahrer setzte seine Fahrt fort, ohne etwas von dem Unglück bemerkt zu haben. Erst nach einigen Minuten machte der kurzfristig ohnmächtige Motorradfahrer den Fahrer auf sich aufmerksam. Gemeinsam kehrten sie zur Unfallstelle zurück. Mittlerweile hatte die Landwirtin Marga M. die in der Nähe der Unfallstelle im Feld arbeitete, die Polizei gerufen. Während die Polizeibeamten noch nach dem Fahrer suchten, hielt der Lastwagen an der Unfallstelle an. Fahrer und Motorradfahrer erklärten dann den erstaunten Polizisten den Unfallhergang. Emil M., der Fahrer des Lkws, meinte, er habe eigentlich nur gebremst, weil ein Igel die Straße überquert habe, die Vollbremsung des Motorradfahrers und die entsprechenden Folgen seien ihm vollkommen entgangen.

Übung:

Verfasse einen journalistischen Bericht mit Überschrift und Vorspann zur folgenden Bildergeschichte.

Zeichnung: Peter Thulke

► Lösung Seiten 208–209

5. Texte zusammenfassen – Inhaltsangaben

5.1 Warum und wozu die Inhaltsangabe?

Die Inhaltsangabe gehört in der Regel nicht zu den Aufsatzformen der 5. und 6. Klasse. Aber im Unterricht kommt sie schon vor. Wenn ihr einen Roman oder eine Kurzgeschichte lest, dann lautet eine der ersten Frage immer: Worum geht es?
Wenn ihr eine Geschichte länger besprochen habt, dann fordert dich die Lehrerin oder der Lehrer auf, den Text kurz zusammenzufassen. Natürlich sprecht ihr auch über den Sinn einer Erzählung, dann möchte deine Lehrerin oder dein Lehrer etwas über die Botschaft des Textes wissen.
Aber auch im persönlichen Gespräch fasst du häufig Texte zusammen, wenn du deinem Freund oder deiner Freundin von einem Buch erzählst, das du gelesen hast und spannend findest oder wenn du einen spannenden Film gesehen hast und davon berichtest.

Es gibt drei Arten von Inhaltsangaben:

1. Die **Textzusammenfassung**: Das ist eine einfache Inhaltsangabe, die nur wiedergibt, was im Text steht.
2. Die eigentliche **Inhaltsangabe**: Dazu gehört, zusätzlich zu der Textzusammenfassung, ein Vorspann, der etwas über die Botschaft und die typischen Merkmale des Textes aussagt. Diesen Vorspann nennt man auch Basissatz.
3. Die **erweiterte Inhaltsangabe**: Dabei sollst du, zusätzlich zur Textzusammenfassung und zum Basissatz, auch Zusatzfragen zur Sprache und zur Erzählweise des Textes beantworten. Diese Form der Inhaltsangabe lernst du in der Mittelstufe kennen.

5.2 Die Textzusammenfassung

5.2.1 Worauf es bei der Textzusammenfassung ankommt

Jeder Text ist anders. Und doch gibt es eine Rezeptur, mit der du an jeden Text, gleich welcher Art, herangehen kannst, um ihn richtig zusammenzufassen.

Die Textzusammenfassung ist keine Nacherzählung, sondern es geht darum, das Wesentliche zu erfassen. Nebensächliches wird einfach weggelassen. Deswegen ist die Zusammenfassung immer viel kürzer als der Text selbst.

Lies den Text aufmerksam und genau!

Scheue dich nicht, deinen Lehrer zu fragen, wenn dir ein Wort unklar ist oder du den Sinn eines Abschnittes nicht verstehst. Manchmal macht das ein Autor sogar absichtlich und drückt sich mehrdeutig oder etwas rätselhaft aus – Literatur lebt auch von Verschlüsselungen.

Suche nach Textschlüsseln

Unter Textschlüsseln versteht man gut erkennbare sprachliche Mittel, die helfen, einen Text zu durchschauen.
Textschlüssel sind:

1. die handelnden Personen in dem Text;
2. die Ortsstruktur: der Ort oder die Orte, an denen die Handlung stattfindet;
3. die Zeitstruktur des Textes;
4. wörtliche Rede im Text.

Lies den Text mehrmals durch und suche nach den Textschlüsseln, also Personen, Orten und Zeiten, wörtlichen Reden. Kleiner Tipp: Wenn du so vorgehst, dann arbeite immer ein Feld ab, also erst die Personen, dann die Orte, dann die Zeiten, schließlich die wörtliche Rede.
Markiere dabei die jeweiligen Textstellen farbig, z. B. die Personen blau, die Orte grün, die Zeitangaben rot und die wörtliche Rede lila.

zu 1: die handelnden Personen:
Wer macht etwas oder erlebt etwas in dem Text? Dabei gibt es die Hauptpersonen, die für die Handlung am wichtigsten sind, und Nebenpersonen, die auch vorkommen, die aber für die Handlung weniger wichtig sind.

zu 2: die Ortsstruktur:
Frage dich, wo die Handlung genau spielt, kennzeichne die Ortsangaben, die genannt werden, oder auch Gegenstände, die in einem Raum wichtig zu sein scheinen.

zu 3: die Zeitstruktur:
Sie hilft fast am besten, einen Text zu durchschauen. Frage dich, wie die Handlung sich der Reihe nach entwickelt.

- Welche Zeitangaben enthält der Text, wie Uhrzeiten, Jahreszeiten, aber auch zeitliche Abfolgen wie „etwas später", „am nächsten Tag"...?
- Wo wird die Zeit gerafft, also verkürzt, zum Beispiel „Tage vergingen, ehe ..."?
- Wo wird die Zeit gedehnt, also verlängert, zum Beispiel, wenn längere Gedankengänge eingeschoben werden, durch Vorausblicke oder Rückblicke?
- Wo wird zeitgleich erzählt? Damit ist gemeint, dass die erzählte Zeit, das ist die Zeit, die die Geschichte umfasst, der Erzählzeit entspricht; das ist die Zeit, die du zum Vorlesen brauchst. Zeitgleiches Erzählen findet zum Beispiel in Dialogen statt: Man braucht zum Lesen genauso lange wie die Figuren im Text zum Sprechen brauchen.

zu 4: die wörtliche Rede:
Sie ist immer bedeutungsvoll, da sie die Personen und ihr Denken unmittelbar charakterisiert und für das zeitgleiche Erzählen steht.

Suche nach Sinnabschnitten!

Das sind die Textteile, die vom Gedankengang her zusammengehören. Kommt inhaltlich etwas Neues, so beginnt auch ein neuer Sinnabschnitt. In der Regel weist schon die äußere Form des Textes auf Sinnabschnitte hin, Absätze und Einschübe sind zu erkennen.
Unterstreiche oder markiere die wichtigsten Stellen innerhalb eines jeden Sinnabschnitts – eben das, worum es in dem Abschnitt gerade geht.
Das Wichtige eines Textes kannst du nur herausfinden, wenn du die Geschichte genau verstanden hast. Manchmal helfen auch Kenntnisse zur Textform.

Eine **Kalendergeschichte** enthält am Ende häufig eine Lehre. Alle Erzählschritte arbeiten darauf hin, diese Lehre besonders deutlich herauszuarbeiten.
Eine **Kurzgeschichte** hat oft einen offenen Schluss. Wiederum tragen die Schritte zum Höhepunkt dazu bei, den offenen Schluss gut vorzubereiten.
Weitere Merkmale von Erzählformen findest du in den Beispieltexten.

5.2.2 Wie schreibe ich die Textzusammenfassung?

Die Textzusammenfassung soll dem Leser erläutern, worum es in dem Text geht, was da passiert, welche Personen beteiligt sind, so dass er die Geschichte verstehen kann, ohne sie selbst gelesen zu haben. Die inhaltliche Beschreibung nennt die zeitliche Abfolge und die logische Verknüpfung der Handlung und verbindet sie mit den Hauptaussagen.
Bei der Inhaltsangabe sind Zitate unangebracht, auch die indirekte Rede ist zu vermeiden. Die Textzusammenfassung soll präzise, knapp und gut verständlich sein.

Ganz wichtig sind **Bindewörter**, die die zeitliche oder logische Reihenfolge der Handlung verdeutlichen:
zeitlich: zunächst, dann, darauf, etwas später, schließlich, ...
logisch: da, weil, obgleich, damit, folglich, ...

Als **Zeitform** verwendest du die Gegenwart, das Präsens.
Wird von etwas berichtet, was noch vorher geschehen ist, brauchst du die Vorzeitigkeit zum Präsens, das Perfekt.

5.3 Der Weg vom Text zur Textzusammenfassung

In der Unter- und Mittelstufe bekommst du einfache Texte mit viel Handlung. Deshalb kannst du an dem folgenden Beispiel gut das Grundsätzliche lernen.
Folge den obigen Schritten:

Übung:

1. **Lies die Geschichte sorgfältig.**
2. **Suche die Textschlüssel und markiere sie farbig, z. B. die Personen blau, die Orte grün, die Zeitangaben rot und die wörtliche Rede lila.**

Du hast dann schon eine Vorstellung davon, wer die Hauptpersonen sind, wo die Handlung spielt und wann sie stattfindet. (Da diese Geschichte schon vor vielen Jahren aufgeschrieben wurde, steht sie in der alten Rechtschreibung.)
▶ Lösung Seiten 209–210

Info

Diese Erzählung stammt von Johan Peter Hebel (1760 bis 1826). Hebel übte verschiedene Berufe aus. Er war studierter Theologe, unterrichtete aber hauptsächlich als Lehrer am Gymnasium und war auch Redakteur *des Badischen Landeskalenders*. Allgemein bekannt und bis heute gern gelesen ist das *Schatzkästlein des rheinischen Hausfreundes*, welches die schönsten Kurzgeschichten, Anekdoten und Schwänke aus dem Landeskalender enthält. Das *Schatzkästlein* erschien 1811.

Lesetext

Der Barbierjunge von Segringen

Man muß Gott nicht versuchen, aber auch die Menschen nicht. Denn im vorigen Spätjahr kam in dem Wirtshause zu Segringen ein Fremder von der Armee an, der einen starken Bart hatte, und fast wunderlich aussah, also, daß ihm nicht recht zu trauen war. Der sagt zum Wirt, eh er etwas zu essen oder zu trinken fordert: „Habt Ihr keinen Barbier im Ort, der mich rasieren kann?" Der Wirt sagt ja, und holt den Barbier. Zu dem sagt der Fremde: „Ihr sollt mir den Bart abnehmen, aber ich habe eine kitzliche Haut. Wenn Ihr mich nicht ins Gesicht schneidet, so bezahl ich Euch 4 Kronentaler. Wenn Ihr mich aber schneidet, so stech ich Euch tot. Ihr wäret nicht der erste." Wie der erschrockene Mann das hörte, (denn der fremde Herr machte ein Gesicht, als wenn es nicht vexiert wäre, und das spitzige, kalte Eisen lag auf dem Tisch) so springt er fort und schickt den Gesellen.

Zu dem sagt der Herr das nämliche. Wie der Gesell das nämliche hört, springt er ebenfalls fort, und schickt den Lehrjungen. Der Lehrjunge läßt sich blenden von dem Geld, und denkt: Ich wag's. Geratet es, und ich schneide ihn nicht, so kann ich mir für 4 Kronentaler einen neuen Rock auf die Kirchweihe kaufen, und einen

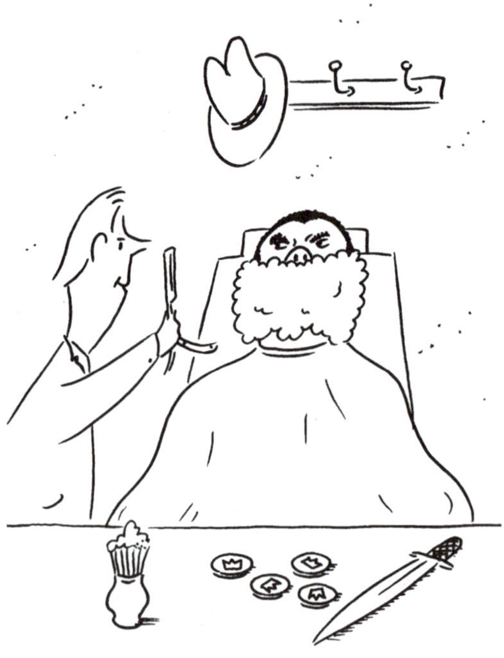

Zeichnung: Peter Thulke

Schnepper (Werkzeug zum Aderlassen). Geratet's nicht, so weiß ich, was ich tue, und rasiert den Herrn.

Der Herr hält ruhig still, weiß nicht, in welcher entsetzlichen Todesgefahr er ist, und der verwegene Lehrjunge spaziert ihm auch ganz kaltblütig mit dem Messer im Gesicht und um die Nase herum, als wenn's nur um einen Sechser, oder im Fall eines Schnittes um ein Stücklein Zunder oder Fließpapier darauf zu tun wäre, und nicht um 4 Kronentaler und um ein Leben, und bringt ihm glücklich den Bart aus dem Gesicht ohne Schnitt und ohne Blut, und dachte doch, als er fertig war: Gottlob!

Als aber der Herr aufgestanden war, und sich im Spiegel beschaut und abgetrocknet hatte, und gibt dem Jungen die 4 Kronentaler, sagt er zu ihm: „Aber junger Mensch, wer hat dir den Mut gegeben, mich zu rasieren, so doch dein Herr und der Gesell sind fortgesprungen? Denn wenn du mich geschnitten hättest, so hätt ich dich erstochen."

Der Lehrjunge aber bedankte sich lächelnd für das schöne Stück Geld, und sagte: „Gnädiger Herr, Ihr hättet mich nicht erstochen, sondern, wenn Ihr gezuckt hättet, und ich hätt Euch ins Gesicht geschnitten, so wär ich Euch zuvorgekommen, hätt Euch augenblicklich die Gurgel abgehauen, und wäre auf und davon gesprungen."

Als der fremde Herr das hörte, und an die Gefahr dachte, in der er gesessen war, ward er erst blaß vor Schrecken und Todesangst, schenkte dem Burschen noch 1 Kronentaler extra, und hat seitdem zu keinem Barbier mehr gesagt: „Ich steche dich tot, wenn du mich schneidest."

Wenn du Aufgaben 1. und 2. gelöst hast, dann bist du schon gut in den Text eingedrungen und weißt eine ganze Menge: Die Handlung spielt am Ende eines Jahres, vielleicht im Spätherbst, das Geschehen findet in einem Wirtshaus in Segringen statt.

Die Hauptpersonen sind der Fremde und der Barbierjunge. Der Wirt, der Barbier und der Geselle spielen eine nur untergeordnete Rolle.

3. Suche die Sinnabschnitte

Ganz gemein wäre es, den Text ohne Absätze abzudrucken. Aber normalerweise bekommst du den Text schon mit sinnvollen Abschnitten, also mit Absätzen, vorgelegt. So überlege dir, welche Abschnitte vorkommen: Am einfachsten schreibst du Zahlen darüber. Dann denke darüber nach, welche Abschnitte zusammengehören.

Eigentlich weißt du schon viel, denn du hast ja selbst auch gelernt, wie du eine Erzählung schreibst. Gute Erzählungen folgen genau einem Prinzip: Sie enthalten eine Einleitung, in der die Hauptpersonen vorgestellt, der Ort und die Zeit genannt werden, dann gibt es ein Ereignis, das die Handlung in Gang setzt. Schließlich entwickelt sich die Handlung in mehreren Schritten bis zum Höhepunkt. Es gibt dann entweder ein offenes Ende, das heißt, es wird nicht verraten, wie es ausgeht, oder die Erzählung hat einen richtigen Schluss.
Der Text gibt somit insgesamt sechs Sinnabschnitte vor. Womöglich findest du auch mehr. Manchmal lässt es sich nicht eindeutig sagen, wo ein Sinnabschnitt endet und der nächste beginnt.

Aber ganz sicher findest du den Anfang und den Schluss. In dieser Geschichte sind es die Sinnabschnitte I und VI. Am Ende der Einleitung (I) muss das Ereignis liegen, das die Haupthandlung in Gang setzt (die Todesdrohung des Fremden).
Dann gibt es noch die Erzählschritte, die zum Höhepunkt führen. Sie müssen sich zwischen den Sinnabschnitten II und V abspielen.

Die Textzusammenfassung entspricht somit auch der Gliederung, wie du sie vom Erzählen her kennst: A. = Einleitung, B. = Hauptteil mit den einzelnen Erzählschritten (I., II., III.,...) und Höhepunkt, C. = Schluss. Wir arbeiten nun mit dieser Gliederung weiter. Das bedeutet, dass du die erkannten Sinnabschnitte der typischen Erzählstruktur zuordnest.

4. Sinnabschnitte ordnen, Überschriften bilden, Kernstellen unterstreichen

Nachdem du dir klar gemacht hast, wo die Hauptschritte liegen, schreibst du zu jedem Sinnabschnitt eine Überschrift.

Dann kannst du im Text noch die Informationen unterstreichen, die unverzichtbar sind, um den Sinn zu verstehen, die sogenannten Kernstellen. Diese Punkte trägst du dann unter deinen Überschriften ein. Anstelle der zweiten Spalte legst du dir ein Blatt Papier neben den Text.

So kann das aussehen:

Man muß Gott nicht versuchen, aber auch die Menschen nicht. Denn **im vorigen Spätjahr kam in dem Wirtshause zu Segringen ein Fremder von der Armee an**, der einen **starken Bart** hatte, und fast wunderlich aussah, also, daß ihm nicht recht zu trauen war. Der sagt zum Wirt, eh er etwas zu essen oder zu trinken fordert: „Habt Ihr keinen **Barbier** im Ort, der mich **rasieren** kann?“ Der **Wirt** sagt ja, und **holt den Barbier**. Zu dem sagt der Fremde: „Ihr sollt mir den Bart abnehmen, aber ich habe eine kitzliche Haut. Wenn Ihr **mich nicht ins Gesicht schneidet**, so bezahl ich Euch **4 Kronentaler**. **Wenn** Ihr mich aber **schneidet**, so stech ich Euch tot. Ihr wäret nicht der erste.“ Wie der erschrockene **Mann** das hörte, (denn der fremde Herr machte ein Gesicht, als wenn es nicht vexiert wäre, und das spitzige, kalte Eisen lag auf dem Tisch,) so **springt** er **fort** und **schickt den Gesellen**.	A. Einleitung Ein Fremder will rasiert werden Spätherbst – Wirtshaus in Segringen, Fremder von der Armee Barbier kommt. Drohung: Ohne Schnitt 4 Kronentaler, ansonsten Todesstoß Ende der Einleitung
Zu dem sagt der Herr das nämliche. Wie der **Gesell** das nämliche hört, **springt er ebenfalls fort**, und **schickt den Lehrjungen**. Der **Lehrjunge** läßt sich **blenden** von dem **Geld**, und denkt: „**Ich wag's**. Geratet es, und ich schneide ihn nicht, so kann ich mir für **4 Kronentaler einen neuen Rock auf die Kirchweihe kaufen**, und einen Schnepper. **Geratet's nicht, so weiß ich, was ich tue**“, und rasiert den Herrn.	B. Hauptteil Ein mutiger Lehrling Durch diese Drohung wird die Haupthandlung in Gang gesetzt. I. Geselle kommt, hat ebenfalls Angst II. Geselle holt den Lehrjungen. Lehrjunge wagt es, weil er sich etwas Schönes kaufen möchte, hat aber auch einen Plan.

Der Herr hält ruhig still, weiß nicht, in welcher entsetzlichen Todesgefahr er ist, und der verwegene **Lehrjunge spaziert ihm auch ganz kaltblütig mit dem Messer im Gesicht und um die Nase herum**, als wenn's nur um einen Sechser, oder im Fall eines Schnittes um ein Stücklein Zunder oder Fließpapier darauf zu tun wäre, und nicht um 4 Kronentaler und um ein Leben, und **bringt ihm glücklich den Bart aus dem Gesicht** ohne Schnitt und ohne Blut, und dachte doch, als er fertig war: Gottlob!	III. Die Rasur 1. Lehrjunge rasiert ohne Umstände. 2. Es gelingt ihm die Rasur ohne Schnitt. Der Fremde wundert sich.
Als aber der **Herr aufgestanden war**, und sich im Spiegel beschaut und abgetrocknet hatte, und gibt dem Jungen die 4 Kronentaler, sagt er zu ihm: „Aber junger Mensch, **wer hat dir den Mut gegeben, mich zu rasieren**, so doch dein Herr und der Gesell sind fortgesprungen? Denn wenn du mich geschnitten hättest, so hätt ich dich erstochen."	IV. Höhepunkt Plan des Lehrlings 1. Herr erstaunt, fragt nach dem Mut und wiederholt seine Drohung.
Der **Lehrjunge** aber bedankte sich **lächelnd** für das schöne Stück Geld, und sagte: „Gnädiger Herr, Ihr hättet **mich nicht erstochen**, sondern, wenn Ihr gezuckt hättet, und ich hätt Euch ins Gesicht geschnitten, so wär ich Euch zuvorgekommen, **hätt Euch augenblicklich die Gurgel abgehauen**, und wäre auf und davon gesprungen."	2. Lehrling verrät seinen Plan: Er hätte dem Herrn die Gurgel durchgeschnitten.
Als der **fremde Herr** das hörte, und an die Gefahr dachte, in der er gesessen war, ward er erst **blaß vor Schrecken und Todesangst**, schenkte dem Burschen noch **1 Kronentaler extra**, und hat seitdem zu keinem Barbier mehr gesagt: „Ich steche dich tot, wenn du mich schneidest."	C. Schluss Todesangst des Fremden Herr erschrocken und dankbar. Gibt dem Lehrling einen Kronentaler extra. Er wird aber nie wieder einem Barbier drohen.

Das sieht etwas kompliziert aus, ist es aber nicht, denn wenn du einmal gelernt hast, auf die Textschlüssel zu achten, dann findest du schnell die Sinnabschnitte heraus und auch die wesentlichen Punkte.
Es fällt auf, dass die wichtigen Punkte genau an den Stellen sind, die du auch durch die Textschlüssel herausgefunden hast:
Die genauen Orte, die Zeit, in der die Handlung spielt, die Personen.
Auch in den wörtlichen Reden stecken wichtige Informationen.

5. Text zusammenfassen

Wenn du nun eine Textzusammenfassung schreibst, verwendest du die in der rechten Spalte gesammelten Informationen. Verwende Wörter, die eine Reihenfolge ausdrücken, und Wörter, die logische Verbindungen herstellen. Diese Wörter sind in der folgenden Zusammenfassung unterstrichen.

zeitlich: zunächst, dann, darauf, etwas später, schließlich, ...
logisch: da, weil, obgleich, damit, folglich, ...
Und dann achte noch auf die Zeit, das **Tempus**!
Abschnitt 1.03 Tempus: Präsens
Vorzeitigkeit zum Präsens: Perfekt

Lesetext

Im einen Wirtshaus zu Segringen möchte ein fremder Soldat noch **vor dem Essen** eine Rasur. Er fordert den Wirt auf, den ortsansässigen Barbier zu holen. Diesem bietet er eine Menge Geld, das er aber nur zahlen werde, wenn der Barbier ihn beim Rasieren nicht schneidet. Andernfalls droht er, ihn zu erstechen.
Da dem Barbier dies zu riskant ist, schickt er nach seinem Gesellen. **Aber auch** der Geselle hat Angst vor der Drohung des Fremden und schickt **schließlich** den Lehrjungen.
Dieser geht auf das Angebot ein, **weil** er schon lange ein paar größere Anschaffungen vorhat und das Geld gebrauchen kann. Auch hat er einen geheimen Plan, um der Drohung des Fremden zu begegnen.
Ohne viel Umstände rasiert er den Herrn. Als er fertig ist, staunt der Fremde über die Kaltblütigkeit des Lehrjungen und fragt nach den Gründen.
Der Lehrling lüftet **nun** sein Geheimnis: Falls er den Fremden beim Rasieren geschnitten hätte, erklärt er, so hätte er ihm gleich darauf die Kehle durchgeschnitten, um dem angedrohten Todesstoß zu entgehen.
Darüber erschrickt der fremde Herr und gibt dem Lehrling aus Dankbarkeit, dass ihm nichts geschehen ist, einen Taler extra und beschließt für sich, nie wieder einem Barbier mit dem Tod zu drohen.

Noch eine Anmerkung:
Grundsätzlich darf in einer Textzusammenfassung keine wörtliche Rede vorkommen. Falls Teile der direkten Rede unvermeidlich sind, dann müssen sie in indirekte Rede gesetzt werden. Dies kommt in diesem Text einmal vor: Der Lehrling lüftet <u>nun</u> sein Geheimnis und erklärt, *dass er dem Fremden im Falle eines Schnitts die Kehle durchgeschnitten hätte.*
Auch am Anfang hätte man indirekte Rede verwenden können:
... stellt aber die Bedingung, dass er das Geld nur erhalte, wenn er ihn beim Rasieren nicht schneide.

Setzt man direkte Rede in indirekte Rede um, muss man genauen Regeln folgen:

Es gilt, dass anstelle der direkten Rede der Konjunktiv I der jeweiligen Zeitform eingesetzt wird.
Direkte Rede: Er sagte: „Ich bin müde."
Indirekte Rede mit Konjunktiv I: Er sagte, er sei müde.

Es gibt aber viele Verben, bei denen der Konjunktiv I mit der Wirklichkeitsform, dem Indikativ, übereinstimmt, dann musst du stattdessen den Konjunktiv II verwenden, das ist der Konjunktiv der jeweiligen Vergangenheitsform:
Direkte Rede: Sie sagten: „Wir haben Hunger."
Indirekte Rede:
Es heißt eben **nicht**: Sie sagten, sie haben Hunger,
sondern mit Konjunktiv II: Sie sagten, sie hätten Hunger.

Textzusammenfassung: Die Lügengeschichte

Sicher hast du schon von den seltsamen Abenteuern des „Lügenbarons", des Freiherrn von Münchhausen, gehört.

Info

Aufgeschrieben hat diese Geschichten Gottfried August Bürger, Sohn eines Pfarrers aus Molmerswende im Harz. Er lebte von 1747 bis 1794; er studierte Theologie in Halle und später Jura in Göttingen.
Von Beruf war er Amtmann. Später lehrte er an der Göttinger Universität Ästhetik, Philosophie und Deutsch.
Nebenberuflich hat Gottfried August Bürger zeitlebens geschrieben. Sein bekanntestes Werk sind die Geschichten des Freiherrn von Münchhausen, die folgenden anschaulichen Titel tragen: *Wunderbare*

Reisen zu Wasser und Lande, Feldzüge und lustige Abenteuer des Freiherrn von Münchhausen, wie er dieselben bei der Flasche im Zirkel seiner Freunde selbst zu erzählen pflegt.
Der Textausschnitt stammt aus dem vierten Kapitel: *Abenteuer des Freiherrn von Münchhausen im Kriege gegen die Türken.*

Übung:

Lies dir den Text genau durch! Da der Text im Jahre 1787 entstanden ist, enthält er noch die alte Rechtschreibung.

Einem Manne, meine Herren, der einen Gaul, wie mein Litauer war, zu reiten vermochte, können Sie auch wohl noch ein anderes Voltigier- und Reiterstückchen zutrauen, welches außerdem vielleicht ein wenig fabelhaft klingen möchte.

Wir belagerten nämlich, ich weiß nicht mehr welche Stadt, und dem Feldmarschall war ganz erstaunlich viel an genauer Kundschaft gelegen, wie die Sachen in der Festung stünden. Es schien äußerst schwer, ja fast unmöglich, durch alle Vorposten, Wachen und Festungswerke hineinzugelangen, auch war eben kein tüchtiges Subjekt vorhanden, wodurch man so was glücklich auszurichten hätte hoffen können.

Vor Mut und Diensteifer fast ein wenig allzurasch stellte ich mich neben eine der größten Kanonen, die soeben nach der Festung abgefeuert ward, und sprang im Hui auf die Kugel, in der Absicht, mich in die Festung hineintragen zu lassen.
Als ich aber halbweges durch die Luft geritten war, stiegen mir allerlei nicht unerhebliche Bedenklichkeiten zu Kopfe. Hum, dachte ich, hinein kommst du nun wohl, allein wie hernach sogleich wieder heraus? Und wie kanns dir in der Festung ergehen? Man wird dich sogleich als einen Spion erkennen und an den nächsten Galgen hängen. Ein solches Bette der Ehren wollte ich mir denn doch wohl verbitten.

Zeichnung: Peter Thulke

Nach diesen und ähnlichen Betrachtungen entschloß ich mich kurz, nahm die glückliche Gelegenheit wahr, als eine Kanonenkugel aus der Festung einige Schritte weit vor mir vorüber nach unserm Lager flog, sprang von der meinigen auf diese hinüber und kam, zwar unverrichteter Sache, jedoch wohlbehalten bei den lieben Unsrigen wieder an.

Die Lügengeschichten des berühmten Barons, aber auch die Geschichten von Till Eulenspiegel, die Streiche der Schildbürger und viele Sagen sind oft nur sparsam ausgestaltet. Im Grunde handelt es sich um kleine Berichte mit lügenhaftem oder lustigem Inhalt. So kannst du anstelle der Unterstreichungen die Hauptpunkte des Textes mit den folgenden Fragen herausfinden:

Was? Ausspionieren der feindlichen Festung.
Wer? Baron von Münchhausen auf Geheiß seines Feldmarschalls.
Wo? Bei einer Festung einer unbekannten Stadt.
Wann? Keine Angabe – du kannst unter Umständen ein Datum erfinden.
Wie? Durch einen Ritt auf einer Kanonenkugel.
Warum? Uneinnehmbares feindliches Lager soll ausspioniert werden.
Welche Folgen? Spionage misslungen.

Übung:
Wenn du diese Punkte herausgefunden hast, dann gelten wieder die bekannten Regeln. Du berichtest hauptsächlich der Reihe nach. Manchmal musst du aber auch logische oder zeitliche Beziehungen selbst herstellen. Dies tust du, indem du Konjunktionen (Bindewörter) verwendest.
► Lösung Seite 210

Textzusammenfassung: Das Märchen

Übung:
Märchen vom starken Hans (Text siehe Seiten 77–83)
Märchen kannst du gut zusammenfassen, wenn du dir einige Grundprinzipien dieser Erzählform merkst. Lies das Märchen noch einmal und fasse den Text zusammen!
► Lösung Seiten 210–211

6. Lösungen

1. Erzählen

► *Lösung zu 1.2*

Übung zur wörtlichen Rede:
In dem folgenden Lösungsteil sind alle Redeeinführungen und alle wichtigen Satzzeichen fett gedruckt.

Ein unbekanntes Wesen schlich in Übersee auf ein Schiff und versteckte sich in einer Sendung exotischer Pflanzen. Im Hafen einer großen Stadt wurde es mit den Kisten ausgeladen. Männer des Unternehmens „Zack-Zack" brachten das Wesen ins neue Bezirksamt, denn dort sollten die Pflanzen aufgestellt werden. Das froschartige Wesen gelangte unbemerkt im Blumenkübel in das Bezirksamt und dort in die Zentrale des Einwohnermeldeamtes. Neugierig schaute es sich um und hörte zu, was die Büromitarbeiter sprachen.
Amtsleiter Dr. Hums **sprach feierlich:** „So ein schöner Arbeitsplatz ist ein bedeutender Beitrag in der Immigrationsfrage." Seine Sekretärin Bettina Fröhlich, die seine Sprüche sowieso nie verstand, sagte nichts dazu, sie dachte nur: Das ist mal wieder alter Muff in neuen Räumen.
Aufmerksam beobachtete das unbekannte Wesen das Treiben im Einwohnermeldeamt, sein Magen knurrte schon erheblich, denn schon drei Tage hatte es nichts mehr gegessen.
Schon bald stellte sich der Alltag ein. Besucher kamen ins Amt und warteten, bis sie vorgelassen wurden. Manche brauchten noch Passbilder und ließen sich in dem großen Passbildautomaten fotografieren. Fritz Bäuerlein goss die neuen Blumen und neben dem Sachbearbeiter Alfred Schläfrig stapelten sich die Aktenberge.
Da ertönte heftiger Lärm vor der Tür. Alfred schreckte auf. „Herzlichen Glückwunsch zum Geburtstag!**"**, **flötete Bettina Fröhlich** und schoss mit einem großen Stück Kuchen auf Alfred Schläfrig zu. **Erschreckt fuhr Alfred auf und rief erstaunt**: „Kuchen! Woher wisst ihr denn?"
„Na, wir sind doch nicht umsonst im Einwohnermeldeamt. Ein Blick in die Akten genügt!**"**, **bemerkte daraufhin Fritz Bäuerlein trocken**.
Pünktlich um 17 Uhr verließen Fritz, Bettina, Alfred und Dr. Hums das Einwohnermeldeamt. Alfred ließ den Kuchen auf seinem Schreibtisch stehen und freute sich schon auf den nächsten Tag. Er wollte dann eine extragroße Kanne Kaffee für seine Kolleginnen und Kollegen mitbringen.

Blind vor Hunger stieg das Monster nachts aus dem Blumenkübel und stürzte sich auf den restlichen Geburtstagskuchen und fraß ihn gierig auf. Der Geburtstagskuchen übertraf im Geschmack natürlich alles, was das Monster in Übersee bislang verspeist hatte. Keine Banane, keine Kartoffel, keine Kokosnuss kam an den köstlichen Kuchen heran. Vollgefressen schlief es ein und träumte von Geburtstagskuchen. Da es in Übersee schon lange neben einer wissenschaftlichen Station zur Erforschung des Regenwaldes gelebt hatte, konnte es gut lesen und kannte sich mit Computern bestens aus. Es erinnerte sich an Herrn Bäuerleins Satz: „Wir sind doch nicht umsonst im Einwohnermeldeamt!" Dann warf es den Computer an.

Der Rest war ein Kinderspiel. Es druckte die Geburtstage aller Kinder der großen Stadt aus, klemmte sich die Rolle mit Namen und Adressen unter den Arm, kaufte sich in einer Schreibwarenhandlung einen Geburtstagskalender, trug für jeden Tag ein Kind ein und dachte sich: Jipeeh! Jeden Tag Geburtstage und überall Kuchen! Im Park klaute es noch eine Blume, machte sich hübsch und begab sich auf den Weg. Mit der Blume in der Hand und dem Kopf voller Kuchenträume klingelte es zuerst bei Gerda Meier.

„Wer sind denn Sie?", **piepste Gerda Meier erstaunt**. Dann **meinte sie freundlich:** „Ach, Blumen! Wie nett. Wollen Sie reinkommen?"

Glücklich sprach das Monster für sich: Es klappt. Beinahe überhörte es **Gerdas freundliche Einladung:** „Ein bisschen Kuchen?"

Mit einem Biss verspeiste das kleine grüne Wesen den ganzen Kuchen und alle schauten es erstaunt an. **Pikiert starrte Frieda, Gerdas Freundin, das Monster an und bemerkte:** „Alles auf einen Sitz!" „Hast du das gesehen?", **murmelte Susanne verwundert.**

Das Monster störte jedoch nicht länger, verschwand wieder, schaute in seinen Kalender und klingelte bei Bernd Bohn.

„Wer sind Sie denn?", **fragte Bernd erstaunt**, ließ aber das kleine freundliche Wesen hinein und freute sich, dass es alle Kuchenreste auffraß, denn Bernds Gäste waren schon gegangen. Bei Elvira von Seidel gab es sogar eine Schwarzwälderkirschtorte.

Bei dieser guten Ernährung und dank der vielen freundlichen Kinder wuchs das kleine grüne Monster zu einem wunderbaren, freundlichen, dicken Geburtstagskuchenmonster heran.

Auch am 29. Februar hoffte es auf seine Lieblingsspeise und träumte: Hoffentlich gibt es heute Nusskuchen. Es machte sich auf den Weg zu Fritz Nix.

Fritz öffnete verschlafen die Tür und stieß mühsam hervor: „Jaaaaa?"

Freundlich erwiderte das Geburtstagskuchenmonster: „Gratuliere zum Geburtstag. Gibt's Kuchen?" **Verwirrt antwortete** Fritz: „Kuchen? Leider nein." **Und im Ton tiefsten Bedauerns fügte Fritz Nix noch hinzu:** „Es kommt ja kein Gast, das lohnt sich nicht."
Etwas enttäuscht, aber dennoch freundlich überreichte das Geburtstagskuchenmonster Fritz Nix eine wunderbare Blume.
„Oh, ist die für mich?", **flüsterte Fritz gerührt** und **forderte das Monster freundlich auf:** „Kommen Sie doch rein. Ich mache auch Tee, wenn Sie mögen!"
Das Monster verstand überhaupt nichts und blätterte verzweifelt in seinem Kalender, **fragte dann höflich nach**: „Vielleicht hat heute noch jemand anderes Geburtstag?" **Geduldig erklärte daraufhin** Fritz: „Leider wurde ich im Schaltjahr geboren, den 29. Februar gibt es nur alle paar Jahre." Jetzt verstand das kleine Monster gar nichts mehr und **rief erstaunt aus:** „Schaltjahr?" **Gleich folgte die Erklärung**. „Das ist nur dann, wenn man das Jahr, also die Anzahl der Tage, durch vier teilen kann", **antwortete Fritz freundlich und fügte noch hinzu:** „Jedenfalls plant man mich nicht mit ein, keiner rechnet mit meinem Tag." **Dann seufzte er**: „Ich vergesse ihn auch meistens. Ich habe schon lange nicht mehr gefeiert."
Gerührt schüttelte das kleine Monster den Kopf und erkundigte sich: „Können Sie backen? Und mögen Sie Nusskuchen?"
Fritz lachte und meinte: „Sehr gern! Soll ich einen backen?"
Da jubelte sein Gast und schrie voller Freude: „Einen? Zehn!"
Fritz gab zu bedenken: „Aber wer soll die essen?" Da **lachte das kleine Monster und hielt sich den Bauch**: „Das lassen Sie meine Sorge sein."
Schließlich **fragte es noch**: „Darf ich Ihr Telefon benutzen?" Fritz hatte nichts dagegen und das Monster **telefonierte und telefonierte**: „Kommen Sie um 8 Uhr. Einweg 2. Okay. Bis dann!"
Fritz bereitete große Mengen an Teig her, knetete, schuftete und schob einen Nusskuchen nach den anderen in den Ofen. Da bin ich ja nun gespannt, wer heute Abend alles kommt, dachte er sich im Stillen und schließlich **stellte er** seinem Gast, der es sich im schönsten Sessel bequem gemacht hatte, **doch die Frage**: „Wer kommt denn?" Erstaunt riss Fritz seine Augen auf, als das Monster **kurz antwortete**: „Ein paar Gäste, ich habe die ganze Stadt eingeladen."
Und da es gerade acht Uhr war, klingelte es heftig an der Tür und die Gäste drängelten sich herein.

Gerda **bemerkte:** „Das ist doch der komische grüne Kerl, der meinen Kuchen aufgefressen hat!" „Den grünen Kerl kenn ich doch", **schloss sich ihr** Bernd an.
Als dann alle auf den riesigen Berg von Nusskuchen starrten, **rief das Geburtstagskuchenmonster fröhlich**: „Wenn man nur alle paar Jahre feiert, muss es wenigstens genug Kuchen geben!"

▶ *Lösung zu 1.3.1 Die Zeit oder das Tempus der Erzählung*

kam	nahm
empfing	wollte
warf	läutete
maulte	ging hin sprach
wurde	biss
halfen	sah
bestand	deuteten
machte	blinkte
musste	kam
suchte	rutschte
blätterte	rumorte
Öffnete sich	hing
konnte	streckte aus
wurde aufgerufen (Passivform des Präteritums „rief auf")	dachte
schoss	schloss
rutschte	klammerte
stand auf	hörte
waren	brummte
empfing	nahm

► *Lösung zu 1.3.3 Der Blickwinkel des Erzählers*

Als ich am vergangenen Dienstag von der Schule kam, empfing mich meine Mutter schon an der Wohnungstür: „Heute gehst du aber zum Zahnarzt! Du hast es lange genug hinausgeschoben. Um halb drei Uhr bist du bei Doktor Zahnstein angemeldet."	Ferdinand schleppte sich von der Schule müde nach Hause. Als er seine Mutter erwartungsvoll in der Haustüre stehen sah, wusste er schon, was ihm blühte. „Heute gehst du aber zum Zahnarzt! Du hast es lange genug hinausgeschoben. Um halb drei Uhr bist du bei Doktor Zahnstein angemeldet", rief sie ihm erbarmungslos entgegen.
Ärgerlich warf ich meinen Schulranzen in die Ecke und maulte: „Aber ich habe doch heute so viele Hausaufgaben! Außerdem bin ich am Nachmittag mit Stefanie verabredet." Bei dem Gedanken an den Bohrer wurde mir ganz mulmig zumute.	Ärgerlich warf Ferdinand seinen Schulranzen in die Ecke und maulte: „Aber ich habe doch heute so viele Hausaufgaben! Außerdem bin ich am Nachmittag mit Stefanie verabredet." Er dachte nur noch an den Bohrer und ihm wurde schon ganz mulmig zumute.
Doch alle Ausreden halfen mir nichts. Meine Mutter bestand auf dem Besuch beim Zahnarzt. Also machte ich mich mit einem flauen Gefühl im Magen auf den Weg.	Noch einen Vorstoß wagte er. Doch seine Mutter meinte, dass der Zahnarztbesuch wichtiger als das Treffen mit Stefanie sei. So machte sich Ferdinand wohl oder übel mit einem etwas flauen Gefühl im Magen auf den Weg.

► *Lösung zu 1.3.4 Der Erzählaufbau*

Bildtexte	Handlungsdetails
1. Gestern in der großen Pause ...	Schüler toben herum, einige unterhalten sich und haben eine Idee.
2. ...heckten wir einen Streich aus.	Fritz füllt einen Eimer mit Wasser, die Klassenkameraden staunen.

Bildtexte	Handlungsdetails
3. Alles war vorbereitet ...	Als es klingelt, steht der Eimer oben auf der Tür, alle flitzen auf ihre Plätze.
4. ... als Dr. Friedrich nahte.	Der Lehrer kommt die Treppe herauf.
5. Fritz schaltete das Tonband ein.	Auf dem Pult steht ein Tonband, das aufnehmen soll, was nun passieren wird.
6. Dr. Friedrich ahnte nichts.	Der Lehrer macht die Tür auf.
7. Es klappte!	Der Eimer ergießt sich zielgenau auf den Lehrer.
8. Was für eine traurige Gestalt!	Der Lehrer steht nass und bedeppert da.
9. Alle brüllten vor Lachen ...	Riesen-Geschrei und Gelächter.
10. ... bis Dr. Friedrich lostobte.	Dann brüllt der Lehrer.
11. Schnell spulte Fritz zurück.	Tonband spielt ab, was gerade aufgenommen wurde.
12. Die Aufnahme fand Dr. Friedrich selbst saukomisch.	Entspannung auf allen Seiten.

► *Lösung zu 1.3.5 Der Spannungsaufbau*

A. Hochsommer, Peter und Paul im Freischwimmbad
B. Die Mutprobe
  I. Peter ärgert Paul, fordert zum Sprung vom Turm
  II. Paul lässt sich darauf ein
  III. Er steht verzweifelt auf dem Turm
  IV. Höhepunkt: Der Sprung
C. Alle glücklich

► *Lösung zu 1.3.5 Die Flupppuppe*

A.

Wieder einmal flog die Flupppuppe durch die Lande, um den Menschen Freude zu bringen. Sie war eben dabei, ein Geburtstagsgeschenk nach Zuffenhausen zu befördern. In Rückenlage segelte sie mit ausgebreiteten Armen gerade über Stuttgart und balancierte das liebevoll verpackte riesige Geschenk elegant auf ihren langen Beinen. Ihre Lackstöckelschuhe glänzten im Morgensonnenschein. Stuttgart lag schon hinter ihr, und die Giebel von Zuffenhausen leuchteten ihr freundlich entgegen. Die Beine schmerzten schon ein wenig und die Flupppuppe klagte: „Das ist das schwerste Geburtstagsgeschenk, das ich jemals nach Zuffenhausen transportiert habe.“

B.

Doch dann hörte sie etwas ganz Ungewöhnliches hier oben in der Luft. Fast traute sie ihren Ohren nicht: Ein erbärmliches Gejammer drang zu ihr. „Bäh! Bäh! Bäh!“, tönte es fast auf gleicher Höhe.
Die Flupppuppe erschrak fürchterlich, als sie Adebar, den Klapperstorch, völlig entnervt auf sich zufliegen sah. In seinem prächtigen roten Schnabel trug er im eleganten Tragetäschchen ein frisches heulendes Baby.
Seit wann tragen Störche wieder Babys aus?, wunderte sich die Flupppuppe. Ich muss das Baby retten, entschloss sie sich gleichzeitig.
Sie wendete elegant in die Bauchlage, drehte dabei das Geburtstagsgeschenk so geschickt, dass es nun auf ihren Waden lag, und setzte zum Zielflug auf Adebar an.
Adebar wusste gar nicht, wie ihm geschah. Spinn ich, seit wann tragen denn Flupppuppen Geschenke auf den Beinen, dachte er. Ach, soll mir egal sein.
Zu weiteren Grübeleien kam Adebar nicht, denn die Flupppuppe streifte ihn, ihm wurde schwarz vor Augen, dann rosa und schließlich fühlte er sich frei und leicht. Verwirrt blickte der Klapperstorch zur Flupppuppe, die nun mit dem Baby auf der Brust und dem Geschenk auf den Knien an ihm vorbeisegelte.
Selig lächelte das Baby, und beruhigt flog Adebar wieder nach Hause, natürlich nicht ohne sich bei Flupppuppe, dem unergründlichen Wesen, zu bedanken.

C.

„Danke für deine Hilfe, Flupppuppe! Du bist immer zur rechten Zeit am rechten Ort!“, hörte die Flupppuppe noch, ehe der Klapperstroch endgültig davonsegelte.
Die Flupppuppe fragte sich, ob sie sich nicht etwas zu viel zugemutet hatte, das Baby in den Armen und das Geschenk auf den Beinen.
Eigentlich wollte sie ja das Geschenk abliefern. Warum nicht Geschenk und Baby dort abgeben, dachte sie sich und setzte ihren Flug in Richtung Zuffenhausen fort.

► *Lösung zu 1.3.8 Die Montage*

Frühsommer: Schmetterlinge segeln, Mohrrüben sprießen, Salatköpfe brechen auf, Löwenzahn blüht. Der kleine Mann hat sich in den Garten begeben, um seine Gemüsebeete zu betrachten. Er ist verwundert,

freut sich aber auch ein wenig und hört zu, was seine Schuhe den Pflanzen erzählen.

► *Lösung zu 1.3.8 Die Gefühlskurve*

denkbare Entwicklung	Mimik	Gestik
Lehrer: wütend, verkrampft	herabgezogene Mundwinkel, gerötetes Gesicht	stampft auf den Boden, kickt Stuhl in die Ecke
Schüler: starr	aufgerissene Augen, verkniffene Gesichter	krampfhaftes Festhalten an Tischkanten oder Sitzfläche des Stuhls
Lehrer: entspannt	Lachen, entspannte Gesichtszüge, Augen strahlen	Arme sinken, setzt sich locker aufs Pult
Schüler: entspannt	biegen sich vor Lachen, Tränen in den Augen, entspannte Gesichtszüge	auf dem Stuhl wippen, auf den Tisch hauen, aufspringen, vom Stuhl fallen

► *Lösung zu 1.4 Die Bildergeschichte*

Bilder 1 und 2

Wie ist die Grundstimmung? Zufriedenheit, Freude auf den Einkauf	**Wo kommt sie her?** Aus dem Metzgerladen
Wie heißt die Frau? (Bitte Vor- und Nachnamen) Friederike Marktbeck	**Was hat sie getan?** Sie hat Brot und Wurst gekauft.
In welchem Ort lebt sie? Forchheim	**Wen trifft sie?** Ihre Nachbarin
Was will sie? Eine gute Wurst für ihren Sohn (Currywurst)	**Wie heißt die andere Frau?** Ulrike Krauss
	Wie ist die Grundstimmung? Beide sind hochentzückt.

Bilder 3 und 4

Hat sich die Grundstimmung verändert? Beide sind freudig erregt.	**Wo kommt der Hund her?** Streuner, liebt die Umgebung des Metzgerladens

Worüber sprechen die beiden Frauen? Nenne einige Themen! Urlaub, Nachbarn, Preise, Kinder	**Wie heißt er?** Max
Wo befinden sie sich? Wenige Meter vor dem Metzgerladen	**Was hat er vor?** Er ist auf Nahrungssuche und möchte die Wurst stehlen.
Beachte den Korb! Korb auf der Straße abgestellt	**Wie fühlt sich der Hund?**
	Was denkt er sich? Er ist ganz aufgeregt, gierig, freut sich auf die leichte Beute.

Bilder 5 und 6

Hat sich die Grundstimmung verändert? Entsetzen und Wut bei den Frauen	**Wie bemerkt die Frau die fehlende Wurst?** Redepause, als sie über das Mittagessen spricht
Was ist geschehen? Wurst gestohlen	**Warum schimpft sie?** Ärger, wütend über sich selbst
Welche Folgen? Denk an den Hund! Hund glücklich	**Was wird sie wohl tun?** Sie geht in den Metzgerladen zurück.
Wohin ist der Hund gegangen? Feines Versteck in einer Hecke	**Wo ist die andere Frau?** Ihre Nachbarin folgt ihr.
Beachte den Korb! Nur das Brot ist noch übrig.	**Wie ist die Stimmung der Frauen, des Hundes?** Am Schluss dann doch alle zufrieden; kleiner Schaden

► *Lösung zu 1.4 Die Bildergeschichte*

Der Hund erzählt

A. Denk daran: Wer, Was , Wann, Wo, Warum … ③

Max, Streuner, Lieblingsort Metzgerei, am späten Vormittag, erspäht Friederike, wie sie den Laden verlässt.

Wie kann ich zum Hauptteil überleiten? ④

Beschreibung des Einkaufkorbs mit Inhalt.

B. Die leckere Mahlzeit

Welche Handlungsschritte führen mich sinnvoll zum Höhepunkt? ⑤

I. Friederike trifft Nachbarin, großes Getratsche.
II. Verführerischer Duft der Wurst. Friederike setzt den Korb ab.
III. Vertieftes Gespräch der Frauen

IV. Höhepunkt: Denke zuerst an den Höhepunkt! ①
Max schleicht an. Friederike erzählt gerade von ihrer Currywurst, blickt auf den Korb. Zu spät, Max ist schon weg mit der Wurst.

C. Überlege gleich den passenden Schluss! ②
Max verspeist genüsslich die Wurst, Friederike geht wieder in den Laden.

▶ *Lösung zu 1.4 Die Bildergeschichte*

Die Grundstimmung dieser Geschichte ist fröhlich. Die Bilder erzählen den Höhepunkt. Der Schluss ist noch offen.

Dankeschön

A. Einleitung: Felix Fröhlich geht mit gemischten Gefühlen zur Schule.

B. Die Überraschungsnote
   I. Herausgabe der Schulaufgabe. Das gibt's nicht: eine Eins in der Erlebniserzählung. Mami wird sich freuen, Papi auch. Danke!
   II. Nachhauseweg – freudig, aufgeregt
   III. Mami glücklich. Schenkt 10 Euro. Denk an deinen netten Deutschlehrer!
   IV. Höhepunkt: Teilen des Geldes – am nächsten Tag in der Pause. Dr. Friedrich ein wenig erstaunt, nimmt das Geld nicht, freut sich aber, dass Felix sich bedankt hat.

C. Felix ist mit sich zufrieden, freut sich auf die nächste Schulaufgabe.

▶ *Lösung zu 1.5 Die Phantasieerzählung*

Virus im Computer

„Pieeep", machte mein Computer. O nein! Was ist denn jetzt schon wieder? Ich saß nun schon seit drei Stunden am PC und versuchte mein Biologie-Referat zu tippen. Doch der Computer war schon viermal abgestürzt und hatte alles, was ich geschrieben hatte, gelöscht. Nun fing es zum fünften Mal an! Verzweifelt versuchte ich noch etwas zu retten. Zuerst drückte ich ganz gezielt ein paar Tasten.

Als das nicht wirkte, begann ich, wie wild auf die Tastatur einzuhämmern. Doch was war das? Der Bildschirm schien auf mich zuzukommen! Ich starrte wie gebannt auf den Computer. Plötzlich schwebte der Monitor vor mir. Was sollte ich nur tun?

Ich versuchte aufzustehen, aber da war es schon zu spät: Der Bildschirm raste auf mich zu. Vor Angst schloss ich die Augen. Jetzt ist es vorbei, dachte ich.
Als nach fünf Minuten immer noch nichts geschehen war, wagte ich die Augen zu öffnen. Wo war ich? Um mich herum blinkten zahlreiche Lämpchen, die an Plastikwänden befestigt waren. Zwischen ihnen führten silberne Drähte entlang. Plötzlich erkannte ich dieses Bild. Ich war in meinem Computer! Oft genug hatte ich ihn auseinander genommen. Ich musste in der Nähe der Festplatte sein! Fasziniert, aber auch ängstlich ging ich Schritt für Schritt weiter.
Beeindruckt starrte ich auf die in allen Farben blinkenden Lämpchen, als ich plötzlich gegen etwas Hartes stieß. Angsterfüllt blickte ich hoch. Ich erkannte, dass ich vor einer Art Roboter stand. Ängstlich wich ich zwei Schritte zurück. Auf einmal erklang ein schriller Ruf: „Virus zerstören, Virus zerstören!"
Das war gut, endlich würde mein Computer wieder funktionieren, dachte ich. Das Wesen, das aussah wie eine silberne Mülltonne, sah mich mit seinen kleinen Mikrochipaugen an. Es streckte seine langen, tentakelähnlichen Arme nach mir aus.
Ehe ich bemerkte, dass es nach mir griff, hatte es mich auch schon mit seinen Bratwurstfingern am Bein erwischt. Blitzschnell schossen Gurte aus dem Boden, die mich fesselten. Das Wesen rollte auf mich zu und sprach immer: „Virus zerstören, Virus zerstören!"
Schweißgebadet versuchte ich mich loszureißen, aber es gelang mir nicht. Das Wesen kam näher und näher! Schließlich stand es nur noch einen Zentimeter vor mir. Nun änderte sich sein Ruf in ein „Virus zerstört!"
Es ist meine Angewohnheit, bei Angst die Augen zu schließen. Natürlich konnte ich sie auch dieses Mal nicht offen halten. Ich versank ganz in das Rollen der Räder des Roboters, die mich zu überfahren drohten. Ich hörte nur noch die Laute des Wesens „Virus zerstört!" – „Nein! Ich bin kein Virus!", schrie ich ein letztes Mal.
Dann blinzelte ich. Ich war ja gar nicht im Computer. Verwirrt blickte ich mich um. Ich saß an meinem Schreibtisch, vor mir der Bildschirm, der die Meldung anzeigte: „Virus konnte zerstört werden".
Da musste ich schmunzeln. Aber plötzlich erklang wieder ein Ton. Es war der Drucker, der dabei war, mein Biologie-Referat auszudrucken.

► *Lösung zu 1.6 Die Reizwortgeschichte*

Die Superschanze

Gestern machten wir mit der Klasse einen Skiausflug ins Fichtelgebirge. Mein Bauch kribbelte schon ein wenig, denn ich konnte kaum richtig Ski fahren. Meine Freundin Christina meinte: „Heute ist doch ein herrlicher Wintertag, oder?“

Sie hatte wirklich Recht, denn vom blauen, wolkenlosen Himmel schien strahlend die Sonne herab. Wir Anfänger begaben uns alle gleich zum Lift und fuhren zum Ochsenkopf hinauf.

Während wir gemütlich nach oben fuhren, beobachteten wir die Skifahrer unter uns, und Christina rief: „Schau mal den da unten an, der ist gerade über eine Sprungschanze gesprungen. Glaubst du, das können wir nach dem Skikurs auch?“

Ich antwortete lässig: „Na klar, das ist doch nur 'ne kleine Schanze.“ Dann waren wir aber schon am Gipfel. Wir rutschten mit dem Skilehrer ein paarmal den Berg hinunter, und nach dem fünften Mal fuhren wir schon recht locker, und Christina blickte immer, wenn wir an der Schanze vorbeifuhren, neidisch zu den kleinen Skispringern hinüber.

Bei der nächsten Abfahrt probierten wir schon einen kleinen Hubbel aus, den wir im Schuss mit einem kleinen Sprung meisterten.

In der Mittagspause holten wir unsere Rucksäcke, setzten uns in die Hütte neben der Schanze und schauten aus dem Fenster, während wir einen heißen Kakao tranken.

„Hmm, der wärmt so richtig auf“, stellte ich fest.

„Ja, aber schau mal raus, wer da gerade an der Schanze steht!“, antwortete Christina und zeigte aus dem Fenster. Es war Lisa aus unserer Parallelklasse.

„Ist die nicht noch Anfängerin?“, fragte ich verwundert.

„Ja, richtig“, stimmte Christina zu.

„Komm, wir schauen ihr zu!“, meinte ich begeistert.

„Ja, in Ordnung.“

Christina und ich gingen nach draußen. Lisa stand immer noch vor der Schanze und war kreidebleich.

„Hallo“, sagte ich zu Lisa, „wieso springst du nicht?“

„Hallo“, sagte sie leise, „naja, sie ist zu hoch ...“

„Wisst ihr was, ich springe, wünscht mir Glück!“, rief ich da plötzlich. Ich spurtete auf meinen Skiern los, stellte mich vor die Schanze und ein komisches Gefühl im Bauch hielt mich noch zurück, da gab mir Christina von hinten einen aufmunternden Stoß und ich sauste los. Wenn schon, denn schon, dachte ich mutiger, als ich eigentlich war. Ich fuhr

Schuss, ging in die Hocke und jetzt hob ich sanft vom Boden ab, aber o nein! Christina sah nur noch eine Schneewolke.
Sofort fuhr sie auf die Wolke zu und rief: „Wo bist du denn? Ist dir etwas passiert?"
Jetzt hörte ich Christinas Stimme. Ich lag zwar im Schnee, aber passiert war mir nichts. Da sah ich auch Christina. Sie stellte mich auf die Beine. „Wow! Du warst super!", rief sie. Ich sah mich um und entdeckte die Gruppe der Anfänger, den Skilehrer und Lisa; alle klatschten. Der Skilehrer meinte: „Das nächste Mal gehst du nicht zu den Anfängern oder Fortgeschrittenen, sondern gleich zu den Profis!"

▶ *Lösung zu 1.7 Die Fortsetzung eines Erzählanfangs – Erzählen nach Erzählkernen*

Ein seltsamer Spaziergang
Susi war gerade auf dem Heimweg von der Schule. Heute war es wieder einmal so ein langweiliger Tag gewesen, an dem man besonders viele Hausaufgaben bekam.
Wie immer schlurfte sie durch die Innenstadt. Da sie jeden Tag hier vorbeimusste, kannte Susi alle Schaufenster auswendig. Doch heute war irgendetwas anders als sonst. Sie blickte um sich. Und da sah sie es, alle Leute hatten sich um einen Punkt versammelt. Was ist denn hier los?, fragte sich Susi. Voller Neugier lief das Mädchen auf die immer größer werdende Menge zu. Aber als sie sich mühsam nach vorne gekämpft hatte, rutschte ihr ein überraschtes „Huch!" heraus. Sie sah lauter winzige Entlein mit ihrer Mutter aufgeregt herumwatscheln. So etwas Süßes hatte sie noch nie gesehen! Doch dann schoss es ihr durch den Kopf: Wie kommen die eigentlich hierher? Die können doch nicht hier bleiben!
Plötzlich hörte sie, wie jemand hinter ihr aufgeregt erzählte: „Ich habe jetzt die Polizei verständigt. Sie sagten, dass sie sofort kommen würden."
Erleichtert überlegt Susi: Recht hat er, sonst werden die Enten noch überfahren. Und als sie so überlegte, hörte sie, wie die Polizei mit lautem „Tatü, tata" angesaust kam. Die Beamten sperrten sofort die ganze Straße und einer sagte: „Bitte treten Sie zurück!" Froh darüber, dass die Polizei da war, trat sie zurück. Doch plötzlich schrie Susi aus Leibeskräften: „Passt auf! Die Enten flüchten!" Der Polizeibeamte drehte sich blitzschnell um und jagte den Enten nach. Doch diese waren schlau und versteckten sich unter einem parkenden Auto. Immer und immer wieder versuchte er, die Enten mit ihrer Mutter hervorzulocken. Am Ende war er so rot im Gesicht, dass er einem Krebs Konkurrenz gemacht hätte.

Schweißperlen liefen ihm über das Gesicht. Nach weiteren kläglich verlaufenden Minuten hatte er die wild um sich hackende Entenmutter in den Händen. Siegesstolz hielt der Beamte, dem die Erleichterung buchstäblich ins Gesicht geschrieben war, die Entenmutter über seinen Kopf. Die anderen Beamten sperrten die immer noch heftigen Widerstand leistenden Entchen in den Kofferraum einer Polizeistreife, um sie später an einem ruhigen Weiher auszusetzen.
Als die Polizisten wieder abgefahren waren und sich die Menschenansammlung langsam auflöste, überlegte Susi: Ich wette, dass der Beamte, der die Entenmutter gefangen hat, sie selbst gerne mitgenommen hätte, um sie in die Bratpfanne zu hauen.

2. Mischformen

▶ *Lösung zu 2.1.3 Stilmittel des Erzählens*

Hier geht die Post ab
Die berühmte Pantomimenkünstlerin Paula Panther feierte am Strand von Peru prunkvoll ihren Geburtstag. Pausenlos prasselten Preise auf die Gäste, die von allen Seiten herbeieilten. Sanft bog sich die Palme im Wind und fächerte mit ihren langen Zweigen den letzten Gästen eine frische Brise zu. Etwas verkehrswidrig ritt Pinguin Paul auf dem Schimmel zum Fest. Amüsiert betrachtete Papagei Lore auf dem Parkschild sitzend das muntere Treiben. Verbiestert jagte die Polizei mit Blaulicht den eleganten Pinguin und merkte gar nicht, dass es sich Pelikan Peter mit seinem bunten Pinsel auf dem Dach bequem gemacht hatte. Opa Peter im Rollkragenpullover haute so auf die Pauke, dass ihm die Perücke vom Kopf flog und die Springpuppe aus dem Postpaket sprang, als er noch dazu pfiff. Nur Steinpilz Brauni blieb ruhig und hoffte, dass sich der Trubel bald legte.

► *Lösung zu 2.2.2 Schreibplan eines persönlichen Briefes*

Hollfeld, den 22.07.06	Datum
Armida Arnold Burgstr. 5 96142 Hollfeld	Absender
Herrn Andreas Rieder Tannenstr. 10 85579 Neubiberg	Empfänger
Lieber Andreas!	Anrede
Letzten Sonntag stöberte ich bei mir daheim in einer Zeitung nach einer Anzeige für Brieffreundschaften. Da stieß ich auf deine Annonce. Sie gefiel mir besonders gut und da ich fast die gleichen Hobbys habe wie du, möchte ich deine Brieffreundin werden.	Briefanlass
Ich heiße Armida, bin ungefähr 1,50 m groß, habe kastanienfarbene Haare und wiege 32 kg. Ich wohne in einer schönen kleinen Stadt, die Hollfeld heißt. Wir haben ein eigenes Haus und einen Garten, das ist toll. Leider habe ich einen großen Bruder, der meistens nervt. Zum Glück besitze ich mein eigenes Zimmer.	Hauptteil des Briefes Vorstellung der eigenen Person
Meine Hobbys sind Tischtennis, Geräteturnen und Schwimmen. Tischtennis gefällt mir besonders gut, ich spiele sogar in einer Mannschaft. Ein Haustier habe ich leider nicht. Doch in unserem Garten gibt es einen Weiher mit Fröschen. Sie sind sogar ein bisschen zahm. Im Sommer ist es besonders schön, Frösche zu haben, weil man sie so beobachten kann, wie sie schwimmen.	Hobbys
An einem heißen Sommertag wollte meine Mutter sich auf die Liege legen. Ich saß auf einer Bank und betrachtete unseren Weiher.	Ein kleines Erlebnis

Nach einer Weile schlief meine Mutter ein. Plötzlich sprang ein kleiner Frosch heraus und hüpfte auf die Terrasse. Er erblickte die Liege, auf der meine Mama lag, und sprang geradewegs zu ihr. Und ehe ich begriff, was er wollte, hüpfte der Frosch mit einem Satz auf den Bauch der Schlafenden. „Ah!", schrie meine Mutter auf. Der Frosch erschrak sehr und sprang schnell zum Weiher. Ich lachte sehr über meine schockierte Mutter.	
Andreas, ich hoffe, dir hat mein Erlebnis gefallen. Hoffentlich klappt unsere Brieffreundschaft und wir werden Freunde! Wenn du willst und Zeit hättest, z. B. in den Osterferien, könntest du mich mal besuchen kommen, dann könnte ich dir unseren Weiher und die süßen Frösche zeigen.	Schluss – Anregung zu einem Antwortbrief
Tschüß, bis bald und liebe Grüße von	Grußformel
Armida	Unterschrift

3. Beschreiben

► *Lösung zu 3.2.2 Sprache und Stil*

Fachbegriffe

auf Kante gebracht
Buchblock
Bindung
Textil
Kunstleder
Rüttelmaschine
Buchdeckel
Leder
Einband
Pergament
Natron-Kraftpapier
Kapitalband
Buchrücken
Bezug
farbiges Textil
Leimbindung
aufgefächert
Gaze
angefräst
Klebebindung
Hülse

► *Lösung zu 3.2.3 Spielanleitungen und Kochrezepte*

Die Vorgangsbeschreibung – Bastelanleitung

Das Apfelmännchen

A. **Einleitung**: Brief an einen Freund – kleine Weihnachtsüberraschung
B. **Der eigentliche Vorgang:** Das Apfelmännchen
   I. **Vorbereitung:** Bastelpapier, DIN-A3-Bogen, weiß oder farbig, Apfel, Walnuss, Schere, Streichholz, Kleber, Zirkel, Lineal
   II. **Der eigentliche Vorgang**
      1. Anzeichnen, Zuschneiden, Anprobieren, Zusammenkleben des Mantels zu einem Kegel
      2. Beschneiden des Kegels und Anlegen des Mantels
      3. Basteln des Kopfes mit Hut
      4. Fertigstellung: Verbindung Körper (Apfel) mit Kopf (Walnuss)
   III. **Ergebnis:** Hübscher Apfelmann, Apfelfrau
C. **Schluss:** Apfelmännchenfamilie, weitere Details, Haare, bunter Mantel

Das Apfelmännchen – der Brief

Ibbenbüren, den 6.12.2005

Lieber Andreas,
du hast mich gefragt, ob ich irgendetwas für Weihnachten mache. Ich habe da eine ganz gute Idee! Es gehört nicht viel dazu, ein teures Geschenk zu kaufen. Viel mehr Mühe macht ein kleines, selbstgebasteltes Geschenk, aber es bereitet auch viel mehr Freude!

Ich persönlich empfehle dir, zur Weihnachtszeit oder zur Vorweihnachtszeit einmal ein Apfelmännchen zu basteln – oder gleich mehrere, das sieht besonders hübsch aus.
Dazu benötigst du für ein Männchen folgendes Material: einen Apfel, eine Walnuss, Buntpapier oder Glanzpapier, eine Schere, einen Zirkel, ein Lineal, ein Streichholz und Kleber.
Das Apfelmännchen kannst du in wenigen Minuten basteln.
Zeichne mit dem Zirkel einen Kreis von etwa 30 Zentimeter Durchmesser – also 15 cm Radius in den Zirkel nehmen – auf das Papier.

Wenn du einen DIN-A3-Bogen nimmst, ist das genau die Breite deines Bogens. Male in die Kreismitte – da, wo das Einstichloch ist – einen richtig dicken Punkt, damit du diesen Punkt später wiederfindest. Ziehe mit einem Lineal eine Linie durch den Kreismittelpunkt. Nun hast du zwei Halbkreise angezeichnet, die schneidest du aus. Damit hast du gleich das Material für zwei Mäntel.

Der nächste Schritt besteht darin, aus dem Halbkreis einen Kegel zu formen und zu kleben. Allerdings musst du dafür erst an deinem Apfel Maß nehmen. Denn je nachdem, wie groß der Apfel ist, muss auch der Kegel weiter oder enger sein. Du legst also das Papier wie einen Mantel um den Apfel, so dass der Apfel in dem Kegel drinnen sitzt und der Mantel auf dem Boden aufsteht. Du siehst dann genau, wie viel Papier übersteht. Das musst du abschneiden, in einer geraden Linie vom Rand des Papiers zum Mittelpunkt des Kreises. Den hast du ja markiert und findest ihn leicht. Die Papierränder müssen sich etwas überlappen, damit du sie zusammenkleben kannst.
Als Nächstes schneidest du von dem Kegel die Spitze ab, und zwar in Höhe der Schultern unseres Apfelmännchens.

Der Hut geht nun ganz einfach: Du schneidest die übrig gebliebene Kegelspitze noch kleiner und schon hast du einen kleineren Hut. Lege vorher einmal die Walnuss hinein, dann siehst du, wie groß du deinen Hut machen kannst. Den klebst du auf der Nuss fest – sonst rutscht er runter.
Jetzt setzt du dem Apfel den Kopf – die Nuss mit dem Hut – auf: Du bohrst das Streichholz unten in die Nuss und steckst es auf der anderen Seite in den Apfel – dein Bastelwerk ist fertig. Natürlich kannst du dein Apfelmännchen ganz nach Belieben anmalen.
Du kannst ganze Familien herstellen und dir auch noch weitere Dekorationen überlegen, zum Beispiel den Mantel mit kleinen Sternchen bekleben und als Haare Wollfäden an die Nuss kleben.

Viel Spaß!
Erzähl mir, wie deine Eltern das Apfelmännchen finden.

Liebe Grüße
dein Bernd

▶ *Lösung zu 3.3 Die Gegenstandsbeschreibung*

A. Anlass für die Beschreibung: Beitrag für die Schülerzeitung
B. Der Klebestift
   I. Das Aussehen
      1. Die Hülse
      2. Die Verschlusskappe
      3. Die Drehschraube
   II. Bewertung insgesamt
C. Lob der Mitschüler für die Beschreibung

Bamberg, den 4. Oktober 2005

Liebe Oma,

am vergangenen Samstag forderte mich die Redakteurin der Schülerzeitung auf, einen Klebestift für die Schülerzeitung zu beschreiben. Es sollte ein Qualitäts- und Preisvergleich zwischen unterschiedlichen Marken entstehen. Das kann gar nicht so schwer sein, dachte ich und sah mir meinen Klebestift genau an.
Mein Klebestift zeigt, wenn man genau hinschaut, drei Teile. Zunächst siehst du nur den runden Klebstoffbehälter. An der Oberseite befindet sich der Verschluss, an der Unterseite eine Drehschraube.
Die Hülse, der äußere Teil des Klebstiftes, ist gelb, rund, zehn Zentimeter lang und hat einen Durchmesser von 2,5 Zentimeter. In der Hülse befindet sich der Klebstoff.
Die Verschlusskappe sitzt am oberen Teil der Hülse, sie ist weiß und genauso breit wie die Hülse.
Du öffnest die Verschlusskappe, indem du die Kappe gegen den Uhrzeigersinn drehst. Das geht einfach, da sich auf der Hülse ein Gewinde befindet. Die Drehrichtung ist zusätzlich in den Deckel eingeprägt.
Der Hersteller hat die Verschlusskappe geriffelt, damit die Verbraucher ihn gut fassen können und nicht abrutschen, wenn sie den Klebestift öffnen.

Die Drehschraube unten ist einen Zentimeter lang, ebenfalls weiß und damit farblich abgesetzt, hohl und rundum griffig eingekerbt. Sie dient zum Herausdrehen des Klebstoffes, ebenfalls gegen den Uhrzeigersinn.
Der Klebstift liegt gut in der Hand. Mit Hilfe der Drehschraube lässt sich der Klebstoff fein dosiert herausdrücken. Der breite Querschnitt ermöglicht ein schnelles und großflächiges Auftragen. Es ist aber auch möglich, nur einen feinen dünnen Strich zu ziehen, wenn man den Stift leicht schräg hält.
Nach Auskunft des Herstellers befinden sich im Klebstoff auch keine gefährlichen Lösungsmittel. Man kann den Stift somit gefahrlos verwenden.

Die Beschreibung des Klebstoffes kam so gut an, dass mir die Leute der Schülerzeitung einen neuen Klebestift schenkten.

Liebe Grüße
dein David

► *Lösung zu 3.4 Die Wegbeschreibung*

Von der Tankstelle durch die Fußgängerzone zur Schule
Um zur Schule zu kommen, musst du erst einmal lange geradeaus gehen und dann nur einmal rechts und einmal links abbiegen. Gleich hier gegenüber von der Tankstelle siehst du das große Polizeigebäude. Gehe über den Zebrastreifen und dann links am Polizeigebäude vorbei. Hier kommt wieder ein Zebrastreifen, der führt über die Straße, die „Rathauszeile" heißt. Überquere die Straße, und schon bist du in der Fußgängerzone. Links und rechts von dir erheben sich verschiedene alte Gebäude. Am Ende der Fußgängerzone fällt an der rechten Seite ein schönes Schuhgeschäft mit einem alten, gestuften Giebel besonders auf. Dort überquerst du die Brückenstraße und gehst geradewegs auf die gegenüberliegende Metzgerei zu, aber sei vorsichtig, denn hier gibt es keinen Zebrastreifen. Da hältst du dich rechts und gehst um das Postgebäude herum, jetzt bist du in der Kirchstraße. Rechter Hand siehst du unsere schöne, alte Kirche, aber da gehst du nicht hin, sondern du musst einfach nur noch an der Ampel über die Straße gehen und bist schon an der Schule. Der Eingang liegt auf der Seite des Gebäudes, die in Richtung Kirche schaut.

► *Lösung zu 3.5 Die Personenbeschreibung – Cat*

Lieber Marcel,

gestern habe ich einen Film über einen unmöglichen Kater gesehen. Der Filmheld heißt „Cat“ und hat nur Unsinn im Kopf. Da du Zeichentrickfilme gerne siehst, beschreibe ich dir einmal den Filmhelden. Eine Zeichnung aus dem Filmplakat lege ich dir auch noch bei. Wenn dir dieser Kater gefällt, erzähle ich dir die Filmgeschichte und wir können auch gemeinsam den Film besuchen. Denn ich fand Cat so lustig, dass ich mir den Film gerne noch ein zweites Mal anschaue!

Cat, so heißt der Kater, kommt aus den dunklen Straßen einer Großstadt, vielleicht New York.

Sein hellbraunes Fell ist ziemlich verschmutzt, und sein Körper hat eine plumpe, kräftige Statur, die ihn bei fast jeder Bewegung einschränkt. Er kann vor Kraft kaum laufen, wie man so sagt. Er hat einen langen, buschigen Schwanz. Aus seinen Vorder- und Hinterpfoten ragen spitze, schwarze Krallen. Für Cats Alter von zwei Jahren stellt seine Größe von 60 Zentimetern, wenn er auf den Hinterpfoten steht, ein wahres Wunder dar.
Ein kurzärmeliges, blau-weiß gestreiftes T-Shirt verhüllt beinahe seinen gesamten Oberleib. Außerdem überdeckt eine bläuliche Latzhose, die am rechten Hosenbein grob geflickt ist, bis zur Brust hin das T-Shirt und bis zu den Knien die Beine. Schmuddlige Hosenträger halten die Hosen.
Anscheinend hat Cat keine Kleidung zum Wechseln, denn er trägt diesen Dress, der schon recht angeschmiert wirkt, täglich.
An Stelle eines Rings trägt er an der linken Pfote an der Ringkralle ein rotes Stoffbändchen. Am meisten fällt aber seine Ankertätowierung am linken Oberarm auf.

Cats rundes Gesicht wirkt verhauen. Seine rot unterlaufenen und ebenfalls fast runden Augen zeigen, dass er wenig schläft oder sich soeben geprügelt hat. Einige schwarze Haare sprießen aus der Kopfhaut und einige schauen ein wenig hinter dem Paar dreieckiger Ohren hervor.

Außerdem schmückt Cats Gesicht noch eine feuchte, dunkle Knollennase, von der nach links und rechts jeweils drei Schnurrhaare abstehen. Sein Maul scheint ein wenig schief zu sein und sein Kinn läuft spitz zu.

Cat liebt es, seinen Namen in Wände, Tische, Bänke einzukratzen. Was die Hygiene angeht, so benimmt er sich wie ein Ferkel. Weil er sich nie wäscht, stinkt er ein wenig und zieht Fliegen an, die ihn ständig umschwirren.
Trotzdem hat Cat auch seine guten Seiten, denn als Katzenkind haben ihn alle geliebt und verhätschelt. Nach einiger Zeit merkt er sogar, wie unmöglich er sich benimmt, aber ich möchte dir jetzt noch nicht den ganzen Film erzählen.

Wenn du Lust hast, mehr über diesen ungewöhnlichen Kater zu erfahren, dann erzähle ich dir auch noch seine Geschichte, aber besser wäre es, wenn du dich nächste Woche einmal sehen lässt. Dann können wir auch gemeinsam ins Kino gehen, dann erfährst du mehr von der Welt des Straßenkaters Cat.

Herzliche Grüße,

dein Timo

P. S.: Melde dich bei mir!

► *Lösung zu 3.5 Die Personenbeschreibung*

Der Rosa-Kakadu (cacatua rosei capilla)
(von Helke Hilbig)

Der Rosa-Kakadu wird der Gattung der Papageien-Vögel zugeordnet. Seine Körpergröße beträgt 35 cm, wobei Kopf und Rumpf zusammen nur 28 cm lang sind und der Schwanz alleine 7 cm misst. Der Rosa-Kakadu, der zu den farblich schönsten Kakaduarten gehört, weist auf der Rückenseite, einschließlich der Flügeldecken, ein helles bis dunkleres Grau auf. Der Kopf, der Hals sowie die Brust und der Bauch sind dagegen rosarot. Seine weißliche Haube, die manchmal leicht rosa gestrichelt ist, lässt den Kopf größer erscheinen, als er eigentlich ist. Das Männchen ist farblich noch auffälliger als das Weibchen. In dem besonders starken rosafarbigen warzigen Augenring wirkt die dunkelbraune bis schwarze Iris seines Auges wie ein dunkler, funkelnder Knopf.

Rosa-Kakadus sind im Wald und in der Savanne Australiens ursprünglich zu Hause. Sie treten meistens in großen Schwärmen von bis zu 1000 Tieren auf und zählen zu den weitestverbreiteten Kakaduarten in Australien.

Diese Art von Kakadu zeigt ein interessantes Verhalten. Besonders morgens und abends sind die Vögel oft aggressiv und laut. Sie „melden" alles Unbekannte in nächster Umgebung und könnten daher als Wachhundersatz gehalten werden. In Gefangenschaft zeigt sich, dass sie gerne an allem nagen, was sich ihnen bietet, so dass man die Holzdekoration in den Käfigen schützen sollte, da sie sie sonst mit ihren Schnäbeln beschädigen.

Am besten hält man Rosa-Kakadus paarweise, das heißt, man kauft von Anfang an ein Männchen und ein Weibchen. Als Käfig dient eine windgeschützte Voliere, wobei man darauf achten sollte, dass der äußere Metalldraht aus kleineren Maschen gefertigt ist. Die Ausmaße dieser Voliere sollten ca. 5 x 3 Meter nicht unterschreiten. Für einen Innenraum in der Voliere muss ebenfalls gesorgt sein. Von dem Dach der Voliere lässt man mehrere Naturbaumstämme frei herabhängen, damit der Rosa-Kakadu genügend Sitzgelegenheiten finden kann. Der Boden sollte mit Vogelsand bedeckt sein. Zusätzlich stellt man einen Futternapf, einen Trinknapf mit Wasser und eine große Wasserschale zum Baden in die Voliere. Es ist auch wichtig, einen Kalkstein aufzuhängen, woran der Vogel seinen Schnabel wetzen kann, damit es nicht zu Verformungen kommt. Denn dann könnte er keine Nahrung mehr aufnehmen. Außerdem muss bei der Paarhaltung immer ausreichend frisches Laub- und Zweigmaterial zum Bau eines Nestes vorhanden sein. Auf einem der mindestens 1,50 m langen und 25 cm bis 30 cm dicken Naturbaumstämme wird dann ein Nistkasten angebracht, der Platz bietet für ein Nest von 10 cm bis 20 cm Höhe.

Bei der Haltung eines Rosa-Kakadus muss man mit der Temperatur nicht so genau aufpassen wie bei anderen Vogelarten in Gefangenschaft, denn diese Kakadus sind sehr widerstandsfähig. Sie ertragen Temperaturen im Winter bis zu minus zehn Grad, wenn sie an einem windgeschützten Standort stehen. Im Sommer dagegen halten sie es an einem schattigen

Ort bis zu 35°C ohne Probleme aus. Viel wichtiger als auf die Temperatur zu achten ist es, dass der Käfig zweimal wöchentlich gereinigt wird. Dabei muss der Bodensand ausgewechselt werden. Das Trink- und Badewasser muss aber täglich erneuert werden. Auch die Nahrung des Rosa-Kakadus ist unkompliziert, da er recht anspruchslos ist. Er ernährt sich von getrockneten Beeren, Kräutern, Grassamen und Getreidekörnern. Sonnenblumenkerne und Erdnüsse sollte man ihm aber lieber nicht geben, da er sonst zu fett wird und seine Flug- und Atemmuskulatur darunter leidet. Ab und zu mag er auch Garnelen und Mehlwürmer. Obst frisst er selten.

Rosa-Kakadus findet man bei uns wegen der Exportregelungen in Australien nicht oft. Er eignet sich zum Züchten und häufig kommt es zu einer zweiten Brut im Jahr. Die meisten von uns kennen den Rosa-Kakadu aus dem Zoo, wo er mit anderen Papageien-Arten gehalten wird.

4. Berichten

► *Lösung zu 4.2 Der Unfallbericht – der Schadensbericht*
Bericht an eine Haftpflichtversicherung

Was ist geschehen?
Hier: Kind beinahe überfahren.
Es kann in einem Bericht auch ein anderes W wichtig sein. Zum Beispiel wird eine Versicherung sich am meisten dafür interessieren, wie hoch der entstandene Schaden ist.
Entscheidend bleibt, dass sich alle anderen W-Fragen auf das wichtigste W beziehen, nämlich auf das Ereignis, um das es geht.
Der Einfachkeit halber bleiben wir bei dem Was.
Beantworte an dieser Stelle nur die Frage nach dem Was. Hier brauchst du zunächst keine Unterpunkte, denn die genaueren Informationen stecken ja in den anderen W-Fragen.

Wer?
Wer war beteiligt an dem, was geschehen ist?
Du notierst genau alle Namen, die mit dem Unfall zu tun haben:
ein kleiner Junge, Tobias Tischbein, 11 Jahre alt, Klasse 5 e des Clavius-Gymnasiums Bamberg,

Autofahrer, Willibald Schwarz, 53 Jahre, aus Coburg,
Lehrer, Klassenleiter Oberstudienrat Gerhard Grünbein,
Polizei, Polizist, Oberwachtmeister Peter Popp, Polizeirevier Coburg
Mitschüler, Franz Fürholz, einziger Zeuge, Klasse 5 e, Clavius-Gymnasium Bamberg

Wann?
Schullandheimaufenthalt, 15. 06. 2006, nachmittags, 14.30 Uhr

Wo?
Neustadt bei Coburg, Nebenstraße, Auffahrt zum Schullandheim

Wie?
Diese W-Frage ist durchaus schwierig, denn du musst jetzt die Umstände des Unfalls klären und häufig gibt es Überschneidungen mit dem Warum:
Junge: Unachtsamkeit, weil er nicht aufpasste, sich nur auf den Ball konzentrierte
Autofahrer: Er musste ausweichen, verlor die Herrschaft über das Steuer, das Auto verzog beim Bremsen, er könnte auch etwas zu schnell gefahren sein, Auto fuhr gegen einen Baum.

Warum?
Junge: Ball verschossen, rannte hinterher, achtete nur auf den Ball
Autofahrer: erkannte Gefahr im letzten Augenblick, Vollbremsung, Schreck

Welche Folgen?
5000 Euro Schaden am Auto, Blechschaden, zerbeulter Kühler, keine Verletzungen,
Schock des Autofahrers, Schrecken bei Tobias, Gespräch mit dem Lehrer, Unfallaufnahme durch die Polizei, Information der Versicherung

Welche Quelle?
Aussagen des Schülers Tobias Tischbein und des Autofahrers Willibald Schwarz

Bamberg, 15.06.2004

Tobias Tischbein
Starkenfeldstr. 40
96047 Bamberg

An die
XXX –Versicherung
Coburger Straße 44

XXXXX Lichtenfels

Unfall während des Schullandheimaufenthaltes
Blechschaden eines PKW an der Auffahrt zum Schullandheim
Versicherungsnummer 708 309 953

Sehr geehrte Damen und Herren,

am 15. Juni 2006 um 16 Uhr bin ich an der Auffahrt zum Schullandheim fast in ein Auto gerannt. Der Autofahrer, Herr Willibald Schwarz aus Coburg, wich mir aus und fuhr dabei mit seinem Auto gegen einen Baum.

Der Unfall ereignete sich folgendermaßen: Die Fußballmannschaften der Klassen 5 e und 5 d des Clavius-Gymnasiums lieferten sich ein Match. Ich war Torwart der 5 e und konnte einen Schuss der Gegner gerade noch abwehren, doch der Ball flog über das Tor und rollte den Abhang hinunter, an dem die Gästeauffahrt zum Schullandheim entlangführt. Ich rannte dem Ball nach und bemerkte dabei gar nicht, dass gerade ein Auto die Auffahrt herauffuhr. Willibald Schwarz, der Autofahrer, musste ausweichen, verlor dabei die Kontrolle über den Wagen, und sein Auto prallte gegen einen Baum. Dank der Geistesgegenwart von Herrn Schwarz kam ich mit dem Schrecken davon. Auch Herr Schwarz blieb unverletzt, aber sein Wagen ist so verbeult, dass der Schaden sich auf 5000 Euro belaufen dürfte.

Die örtliche Polizei hat den Schaden aufgenommen.
Zeugen sind meine Klassenkameraden … und unser Sportlehrer Herr … Das Auto von Herrn Schwarz wurde abgeschleppt und steht in der Fiatwerkstatt in Coburg.
Wir bitten darum, mit Herrn Schwarz Kontakt aufzunehmen und den Schaden zu regeln.

Mit freundlichen Grüßen
Tobias Tischbein

Anlagen:
Adresse und Telefonnummer der Polizeidienststelle
Adresse von Herrn Schwarz
Name und Adresse des Lehrers
Name und Adresse der Zeugen aus der Klasse

▶ *Lösung zu 4.3 Stilübungen*

Einen **versuchten Einbruch mussten** die Betreiber der Egelseer Heimatstuben in der Franz-Müller-Straße in Katzenbach **feststellen**. Bisher unbekannte Täter versuchten, von einer öffentlichen Toilette aus in die Räumlichkeiten zu gelangen. **Aufgrund einer versperrten Verbindungstür, die zusätzlich durch eine Verschraubung gesichert war**, scheiterte dieses Unternehmen.	Unbekannte versuchten in die Egelseer Heimatstuben in der Franz-Müller-Straße in Katzenbach einzubrechen. Die Täter versuchten, über die öffentliche Toilette in die Räume der Heimatstuben einzudringen. Da die Verbindungstür jedoch zugesperrt und zusätzlich auch noch verschraubt war, scheiterten sie.

Von **einem Kaufhausdetektiv wurde** eine 17-Jährige aus Grimmelshausen **beobachtet**, als sie im REWE-Markt Kosmetikartikel einsteckte. Als sie den Laden ohne zu bezahlen verlassen wollte, **wurde sie angehalten** und in das Büro des Kaufmarktes gebracht. **Dort fand sich** dann schließlich Diebesgut von über 240 Euro in ihren Taschen. Eine Anzeige wegen Diebstahl **wird** gegen die junge Wiederholungstäterin erstellt.	Ein Kaufhausdetektiv beobachtete eine 17-Jährige aus Grimmelshausen beim Diebstahl von Kosmetikartikeln. Er hielt sie an, als sie den REWE-Markt ohne zu bezahlen verlassen wollte. Der Detektiv brachte die junge Frau in das Büro des Kaufmarktes. Dort stellte sich heraus, dass sie Diebesgut im Wert von über 240 Euro in ihren Taschen hatte. Der Ladenbesitzer zeigte die junge Diebin an, die bereits früher schon einmal einen Ladendiebstahl begangen hatte.

Aufgeblähte oder geschwollen formulierte Aussagen kann man leicht einfacher und auch klarer darstellen.

Sportlich und unzulässig	
Am Samstag gegen 2.30 Uhr fiel einer Streife der Polizeiinspektion Krumbach ein VW Golf aus dem Krumbacher Landkreis auf, da er in der Bahnhofsstraße extrem über das Kopfsteinpflaster „hüpfte". Bei der näheren **Begutachtung** stellten die Beamten fest, dass der getunte Pkw **nicht nur über keinerlei Federweg verfügte, sondern auch noch mit einem unzulässigen Sportauspuff versehen war.** Das Geräusch des Auspuffs überstieg den zulässigen Wert bei weitem. **Da somit die Betriebserlaubnis und die Zulassung des Pkw erloschen ist, muss** das Fahrzeug beim TÜV vorgeführt und eine Anzeige nach der StVZO erstellt werden.	Am Samstag in den frühen Morgenstunden, gegen 2.30 Uhr, hielt eine Polizeistreife aus Krumbach einen VW Golf an, weil das Auto extrem über das Kopfsteinpflaster hüpfte. Als die Beamten den Wagen aus dem Krumbacher Landkreis überprüften, stellten sie fest, dass die Stoßdämpfer gar keinen Federweg hatten und der eingebaute Sportauspuff für dieses Fahrzeug gar nicht zugelassen war. Das Geräusch des Sportauspuffes des getunten Autos überstieg deutlich die zulässigen Werte. Der Halter muss sein Auto deshalb erneut beim TÜV vorführen, denn durch die Veränderungen sind sowohl die Betriebserlaubnis als auch die Zulassung des Wagens erloschen. Der Autofahrer erhält darüber hinaus auch noch eine Anzeige, da er mit dem Auto überhaupt nicht hätte fahren dürfen.

► *Lösung zu 4.5 Der journalistische Bericht*

Nur Blechschaden – Autofahrer wich Kind aus
oder
Kind beinahe überfahren

Wesentlich schlimmer hätte ein Zwischenfall gestern Nachmittag beim Schullandheim in Neukirchen bei Coburg ausgehen können.
Zwei Schulklassen aus Bamberg verbringen dort eine Ferienwoche. Die Fußballmannschaften der Klassen 5 e und 5 d des Clavius-Gymnasiums

lieferten sich ein Match. Der Tormann der 5 e, der elfjährige Tobias Tischbein, konnte einen Schuss auf sein Tor abwehren, doch der Ball flog über das Tor und rollte den Abhang hinunter, an dem die Gästeauffahrt zum Schullandheim führt. Der Junge rannte dem Ball nach und bemerkte dabei gar nicht, dass gerade ein Auto die Auffahrt herauffuhr. Der Autofahrer Willibald Schwarz musste dem Kind ausweichen, dabei verlor er die Kontrolle über den Wagen und das Auto prallte gegen einen Baum. Tobias kam mit dem Schrecken davon, auch Herr Schwarz blieb unverletzt, aber am Wagen entstand ein Schaden von etwa 5000 Euro.

5. Texte zusammenfassen – Inhaltsangaben

▶ ***Lösung zu 5.2.2 Wie schreibe ich eine Textzusammenfassung?***

In der folgenden Lösung sind die Personen blau markiert, die Orte grün, die Zeitangaben rot und die wörtliche Rede lila.

Der Barbierjunge von Segringen

Man muß Gott nicht versuchen, aber auch die Menschen nicht. Denn **im vorigen Spätjahr** kam in dem **Wirtshause zu Segringen** ein **Fremder von der Armee** an, der einen starken Bart hatte, und fast wunderlich aussah, also, daß ihm nicht recht zu trauen war. Der sagt zum **Wirt** eh er etwas zu essen oder zu trinken fordert: **„Habt Ihr keinen Barbier im Ort, der mich rasieren kann?“** Der Wirt sagt ja, und holt den **Barbier**. Zu dem sagt der **Fremde**: **„Ihr sollt mir den Bart abnehmen, aber ich habe eine kitzliche Haut. Wenn Ihr mich nicht ins Gesicht schneidet, so bezahl ich Euch 4 Kronentaler. Wenn Ihr mich aber schneidet, so stech ich Euch tot. Ihr wäret nicht der erste.“** Wie der erschrockene Mann das hörte, (denn der fremde Herr machte ein Gesicht, als wenn es nicht vexiert wäre, und das spitzige, kalte Eisen lag auf dem Tisch,) so springt er fort und schickt den **Gesellen**.

Zu dem sagt der Herr das nämliche. Wie der Gesell das nämliche hört, springt er ebenfalls fort, und schickt den **Lehrjungen** Der **Lehrjunge** läßt sich blenden von dem Geld, und denkt: **„Ich wag‘s. Geratet es, und ich schneide ihn nicht, so kann ich mir für 4 Kronentaler einen neuen Rock auf die Kirchweihe kaufen, und einen Schnepper. Geratet‘s nicht, so weiß ich, was ich tue“**, und rasiert den Herrn.

Der Herr hält ruhig still, weiß nicht, in welcher entsetzlichen Todesgefahr er ist, und der verwegene Lehrjunge spaziert ihm auch ganz kaltblütig mit dem Messer im Gesicht und um die Nase herum, als wenn's nur um einen Sechser, oder im Fall eines Schnittes um ein Stücklein Zunder oder Fließpapier darauf zu tun wäre, und nicht um 4 Kronentaler und um ein Leben, und bringt ihm glücklich den Bart aus dem Gesicht ohne Schnitt und ohne Blut, und dachte doch, als er fertig war: Gottlob!
Als aber der Herr aufgestanden war, und sich im Spiegel beschaut und abgetrocknet hatte, und gibt dem Jungen die 4 Kronentaler, sagt er zu ihm: „**Aber junger Mensch, wer hat dir den Mut gegeben, mich zu rasieren, so doch dein Herr und der Gesell sind fortgesprungen? Denn wenn du mich geschnitten hättest, so hätt ich dich erstochen.**"
Der Lehrjunge aber bedankte sich lächelnd für das schöne Stück Geld, und sagte: „**Gnädiger Herr, Ihr hättet mich nicht erstochen, sondern, wenn Ihr gezuckt hättet, und ich hätt Euch ins Gesicht geschnitten, so wär ich Euch zuvorgekommen, hätt Euch augenblicklich die Gurgel abgehauen, und wäre auf und davon gesprungen.**"
Als der fremde Herr das hörte, und an die Gefahr dachte, in der er gesessen war, ward er erst blaß vor Schrecken und Todesangst, schenkte dem Burschen noch 1 Kronentaler extra, und hat seitdem zu keinem Barbier mehr gesagt: „**Ich steche dich tot, wenn du mich schneidest.**"

► *Lösung Textzusammenfassung Lügengeschichte*

Weil sich bei der Belagerung einer feindlichen Stadt niemand traute, die feindliche Festung auszuspionieren, nahm Baron von Münchhausen seinen Mut zusammen und sprang auf eine Kanonenkugel, die neben ihm abgefeuert wurde, und ritt so in Richtung der feindlichen Festung. Auf halbem Wege überkamen ihn Zweifel, **weil** er fürchtete, von den Gegnern als Spion hingerichtet zu werden. **Deshalb** sprang er auf eine entgegenkommende feindliche Kanonenkugel und landete nach kurzer Zeit wieder unbeschadet bei seiner Truppe.
Die Konjunktionen sind fett gedruckt.

► *Lösung Textzusammenfassung Märchen*

Der starke Hans
Da es Hans zu Hause zu langweilig ist, verlässt er seine Eltern und zieht hinaus in die Welt. Für seine Reise lässt er sich einen zentnerschweren Spazierstab machen. Unterwegs trifft er noch auf zwei weitere starke Männer, den Tannendreher und den Felsenklipperer. Der eine ist so

stark, dass er aus Bäumen Seile winden kann, und der andere kann mit seinen Händen Felsen behauen.

Noch am selben Tag erreichen sie ein verlassenes Schloss. Sie leben von der Jagd. Während zwei auf die Jagd gehen, muss einer zu Hause bleiben und kochen.

Als der Tannendreher zu Hause bleiben muss, überrascht ihn ein Zwerg, der von ihm einen Anteil des Essens fordert. Der Tannendreher gibt ihm aber nichts. Daraufhin prügelt der Zwerg voller Wut auf ihn ein. Am nächsten Tag ergeht es dem Felsenklipperer genauso. Als schließlich Hans an der Reihe ist, gibt er dem Zwerg zu essen. Als der Zwerg jedoch unverschämt wird und auch den Hans verprügeln möchte, gibt Hans ihm Schläge mit seinem schweren Spazierstock, so dass der Zwerg von ihm ablässt und flieht. Hans bemerkt allerdings noch, wie der Zwerg in einer Felsenhöhle in der Nähe des Schlosses verschwindet.

Gemeinsam gehen die Freunde zur Höhle, um nach dem Zwerg zu sehen. Hans wird von den beiden anderen in einem Korb herabgelassen. In der Höhle findet er den Zwerg und eine in Ketten gebundene schöne junge Frau. Er erschlägt kurzerhand den Zwerg, um das Mädchen zu befreien. Er erfährt, dass sie eine Prinzessin ist, die von einem Grafen, den sie nicht heiraten wollte, in diese Höhle verbannt wurde.

Er setzt dann die junge Frau in den Korb, und seine Freunde ziehen sie hoch. Ihn jedoch holen seine Freunde nicht hoch. Aus Verzweiflung begibt er sich nochmals in das Zimmer, in dem er die Jungfrau gefunden hat. Dort entdeckt er einen schönen Ring am Finger des Zwerges. Diesen zieht er ab und bemerkt überrascht, dass ihm plötzlich Luftgeister ihre Dienste anbieten. Mit ihrer Hilfe gelangt er aus der Höhle und muss feststellen, dass seine Freunde und die Jungfrau verschwunden sind.

Der Ring hilft ihm aber ein zweites Mal. Die Luftgeister teilen ihm mit, dass die Freunde mit dem Mädchen auf einem Schiff auf dem Meer sind, und bringen Hans auch gleich dorthin. Als Hans das Schiff in der Ferne sieht, ist er so wütend, dass er mitsamt seines Stabes ins Wasser springt, um zu dem Schiff zu schwimmen.

Doch der Stab zieht ihn in die Tiefe. Ein drittes Mal helfen ihm die Luftgeister und tragen ihn zum Schiff. Dort erschlägt er die ehemaligen Freunde und bringt dann das Mädchen zu seinen Eltern. Er heiratet die Prinzessin und führt seitdem ein glückliches Leben.

Bibliografie

Aufsätze

Alle Aufsätze und Schüler-Texte dieses Bandes stammen aus meinem Unterricht. Einige wenige Texte stellten mir Kolleginnen und Kollegen zur Verfügung. Die Aufsätze sind nicht namentlich gekennzeichnet, da sie für die Veröffentlichung mehrfach überarbeitet wurden.
Die Originaltexte mit den Namen der Autorinnen und Autoren finden sich in der Datenbank www.deutsch-digital.de in der Sparte „Aufsätze – Beispiele".
Meinen Schülerinnen und Schülern und meinen Kolleginnen und Kollegen möchte ich für die Freigabe herzlichen Dank sagen, denn trotz Veränderungen im Detail zeugen die Aufsätze davon, was Schülerinnen und Schüler inhaltlich und sprachlich hervorragend leisten können.

Bildergeschichten

Annette Kautt

Wer ungewöhnliche Geschichten lesen und überraschende Bilder betrachten will, sollte das Internet-Literatur-Magazin für Kinder www.rossipotti.de anwählen. Ein Abenteuer ihrer Flupppuppe und eine Zoogeschichte mit eigener Illustration hat Annette Kautt für dieses Aufsatzbuch freigegeben.
Annette Kautt (geb. 1970) ist Literaturwissenschaftlerin, Illustratorin und Autorin von Kinderbüchern und Kurzgeschichten für Kinder. Im Dezember 2003 hat sie das Internet-Literatur-Magazin Rossipotti gegründet, das sich an Kinder zwischen sechs und zwölf Jahren richtet. Annette Kautt hat zwei Töchter und lebt in Berlin.

Eckhard Lange

Von Eckhard Lange, der mit „Ecki" signiert, stammt die kleine Storchengeschichte, die das *Märchen vom starken Hans* auflockert. Ecki stammt aus Hamburg, er lebt in Coursegoules am Rande der französischen Seealpen. Fast dreißig seiner witzigen Zeichenfolgen befinden sich in der Datenbank www.deutsch-digital.de. Sein Lebensmotto lautet „tolerant zu sein", auch wenn es, wie er in einem Kurzinterview meinte, „oft schwer fällt".

Monika Pellkofer-Grießhammer

Der grimmige Kater im Kapitel Personenbeschreibung stammt von Monika Pellkofer-Grießhammer aus Ahorntal bei Bayreuth. Ein ausführliches Porträt der Künstlerin sowie weitere Zeichnungen von Frau Pellkofer-Grießhammer finden sich in der Datenbank innerhalb der Sparte „Bildergeschichten für die Unterstufe".

Imke Staats
Imke Staats lebt in Hamburg und Berlin, zeichnet gerne unterwegs und vor der Bühne mit guten Musikern. Sie studierte Illustration an der Hochschule für angewandte Künste in Hamburg.
Sie hat ihre Geschichte vom Geburtstagskuchenmonster erstmalig im Internet-Literatur-Magazin Rossipotti veröffentlicht. Dort findet sich auch die vollständige Geschichte des kleinen Herrn mit den zu großen Schuhen. Ebenfalls in Rossipotti steht ihre kleine Anleitung zum Binden eines Heftes und sie beschreibt, wie ein Buch entsteht. Auch die Zeichnungen zum Apfelmännchen und der kleine Stadtplan stammen von Imke Staats.

Peter Thulke
In Berlin lebt Peter Thulke, der als einer der ersten von mehreren namhaften Zeichnern Bildergeschichten für die Datenbank www.deutsch-digital.de zur Verfügung gestellt hat. Ein ausführliches Porträt des Zeichners sowie weitere Bildergeschichten finden sich in der Datenbank innerhalb der Sparte „Bildergeschichten für die Unterstufe". Ferner hat der Bange-Verlag eine exemplarische Zusammenstellung von Peter Thulkes Bildergeschichten als Kopiervorlagen für den Unterricht herausgegeben unter dem Titel: Peter Thulke und Eckehart Weiß: *Bildergeschichten für die Unterstufe.* Hollfeld: Bange, 2004.

Berichte
Alle Texte in diesem Bereich stammen aus dem eigenen Unterricht. Den Polizeiberichten liegen Originale zu Grunde, die jedoch deutlich verändert wurden.

Erzähltexte
Der Barbierjunge von Segringen und das Märchen *Der starke Hans* wurden dem Band 1 der digitalen Bibliothek *Deutsche Literatur von Lessing bis Kafka* entnommen.
Die CD-Rom mit über 160 000 Seiten und den Werken von 108 Klassikern der deutschen Literatur sollte jeder Buchliebhaber in seiner Bibliothek haben (www.digitale-bibliothek.de).

www.digitale-schule-bayern.de – das Portal für den Deutschunterricht

Dieses Internet-Portal für das Fach Deutsch wird betreut von einem Team von Deutschlehrerinnen und Deutschlehrern. Die Gründungsmitglieder kommen aus Oberfranken.
In diesem Portal finden sich auch einige Texte dieses Buches, allerdings nicht in der gegebenen Zusammenstellung und auch nicht in der hier präsentierten Form. Die Datenbank widmet sich allen Themen des Deutschunterrichts von der Unter- bis zur Oberstufe. Sie dient zum Nachschlagen und zur Anregung.

Berichten – Erzählen – Beschreiben

Einige Texte dieses Buches stammen aus dem Aufsatzbuch *Berichten – Erzählen – Beschreiben*. Der Zusammenhang ist jedoch ganz und gar anders. Handelt es sich bei *Berichten – Erzählen – Beschreiben* um eine vollständige Einführung in alle kreativen Aufsatzformen der Unter- und Mittelstufe, bezieht sich das vorliegende Buch nur auf die Unterstufe. Hier geht es hauptsächlich darum, die Aufsatzformen nicht nur zu beschreiben, sondern auch genügend Übungsmaterial bereitzustellen.

Danke!

Wenn dieses Buch gelungen ist, dann nur aufgrund der Zusammenarbeit mit vielen kompetenten Kolleginnen und Kollegen und der wohlwollenden Kooperation mit dem Bange-Verlag. Dafür herzlichen Dank.

Im Januar 2005
Eckehart Weiß